中国珍藏镜鉴书系

字画

收藏品鉴

林婧琪　编著

北京出版集团公司
北京美术摄影出版社

图书在版编目（CIP）数据

字画收藏品鉴 / 林婧琪编著. —— 北京：北京美术摄影出版社，2018.7

（中国珍藏镜鉴书系）

ISBN 978-7-5592-0051-8

Ⅰ.①字… Ⅱ.①林… Ⅲ.①汉字—法书—收藏—中国②中国画—收藏—中国③汉字—书法—鉴赏—中国④中国画—鉴赏—中国 Ⅳ.①G262.4②J212.05

中国版本图书馆 CIP 数据核字(2017)第281190号

中国珍藏镜鉴书系
字画收藏品鉴
ZIHUA SHOUCANG PINJIAN
林婧琪　编著

*

北京出版集团公司
北京美术摄影出版社　出版
（北京北三环中路6号）
邮政编码：100120
网　　址：www.bph.com.cn
北京出版集团公司总发行
新 华 书 店 经 销
山东海蓝印刷有限公司印刷

*

710毫米×1000毫米　16开本　12印张　200千字
2018年7月第1版　2018年7月第1次印刷
ISBN 978-7-5592-0051-8
定价：68.00元

如有印装质量问题，由本社负责调换
质量监督电话：010-58572393
责任编辑电话：010-58572245

中国历史源远流长,传统文化辉煌灿烂。在五千年的发展历程中形成了各种各样的艺术形态,字画艺术就是其中一种。中国字画是世界文化艺术宝库中的精华,是人类历史上值得品鉴和典藏的艺术珍品。

字画指的就是书法和绘画。书法是文字表现的艺术形式,被誉为无言的诗、无形的舞、无图的画、无声的乐。我国的书法是一种富有民族特色的传统艺术,它伴随着汉字的产生和发展一直延续到今天,经过历代书法名家的熔炼和创新,形成了丰富多彩的宝贵遗产。绘画是一种在二维的平面上以手工方式临摹自然或非自然的艺术。我国的绘画是用毛笔蘸水、墨、彩在绢或纸、墙壁上作画,按题材内容可分为花鸟画、山水画和人物画等门类。中国的绘画艺术十分古老,可以上溯到原始社会的新石器时代,距今至少有七千年的历史。在无数画家不断探索、不断创新之下,逐渐形成了鲜明的民族风格,并有着自己独立的绘画美学体系。

现如今,收藏已成为国人的一大投资热点,而艺术品投资集知识性、趣味性、艺术性于一身,既能陶冶情操、增长见识,又能获得经济价值,因此越来越受到人们的青睐。相较于其他艺术品门类,传统字画的观赏价值、历史价值和市场价值都非常高,自然也受到收藏者的推崇,成为收藏投资热品。

本书分两部分,主要介绍了国画艺术的概况、国画的分类及鉴赏要点和书法艺术的历史、鉴赏要点等,并精心配备了我国古代多位书画家的两百多幅作品,供读者鉴赏。本书通俗易懂、图文并茂,希望能在一定程度上帮助读者提高字画鉴赏能力。

由于编者水平有限,加之时间仓促,书中难免会有疏漏之处,敬请广大读者批评指正,以便再版时加以修正。

目录

Contents

上篇　神形兼备——国画艺术 / 001

国画艺术概况 / 002

国画的分类 / 009

　　人物画 / 009

　　山水画 / 021

　　花鸟画 / 029

国画的鉴赏要点 / 036

　　欣赏神韵 / 036

　　欣赏笔墨 / 036

　　欣赏构图和形式 / 038

影响国画价格的因素 / 040

国画作品的收藏现状 / 042

精品国画作品赏析 / 046

　　顾恺之 / 046

　　阎立本 / 052

　　张萱 / 056

　　马远 / 058

　　赵孟頫 / 061

　　黄公望 / 069

　　沈周 / 075

　　唐寅 / 079

　　陈淳 / 084

　　董其昌 / 088

　　王时敏 / 093

　　王鉴 / 096

　　陈洪绶 / 100

　　王翚 / 104

　　石涛 / 108

　　王原祁 / 110

　　任颐 / 113

　　吴昌硕 / 116

　　齐白石 / 118

　　徐悲鸿 / 120

下篇　求度追韵——书法艺术 / 121

书法艺术的历史 / 122

　　先秦时期 / 124

　　秦汉时期 / 124

　　魏晋南北朝时期 / 126

　　隋唐五代时期 / 128

　　两宋时期 / 131

　　元朝时期 / 132

　　明朝时期 / 133

　　清朝时期 / 135

书法艺术的鉴赏要点 / 137

目录

形态美 / 137

结构美 / 138

色彩美 / 139

名头对书法作品价格的影响 / 140

书法作品的收藏要点 / 141

精品书法作品赏析 / 144

王羲之 / 144

王献之 / 148

欧阳询 / 151

张旭 / 154

颜真卿 / 156

怀素 / 159

蔡襄 / 161

苏轼 / 166

黄庭坚 / 168

赵孟頫 / 172

祝允明 / 175

傅山 / 177

张大千 / 178

郭沫若 / 180

附录　书画鉴定术语 / 183

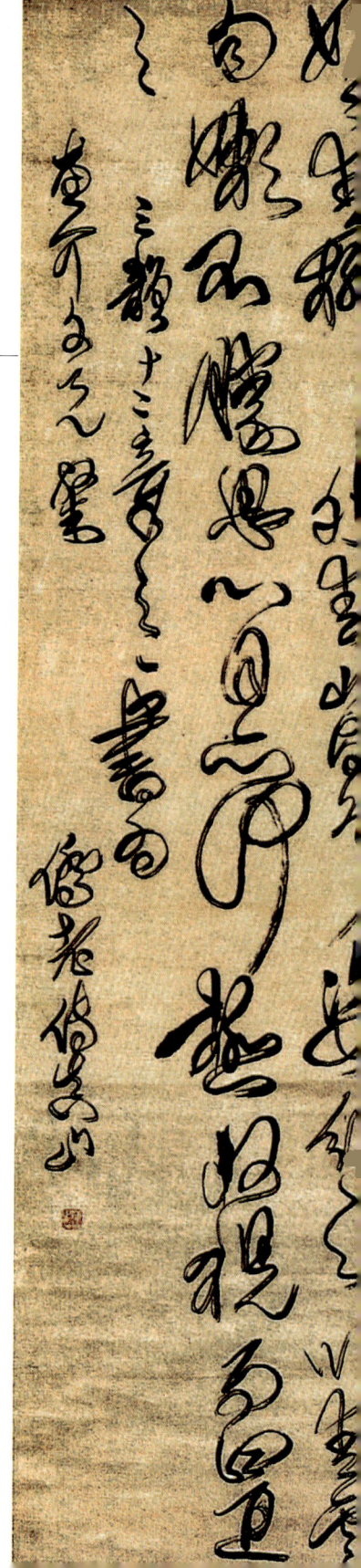

神形兼备——
国画艺术

字画收藏品鉴

国画艺术概况

绘画是一种在平面上用手工方式以色彩、线条描绘形象的艺术。我国的绘画被称为"中国画",简称"国画",是一种对中国传统绘画的泛称,主要是为区别于西洋画。国画的绘画形式是用毛笔蘸水、墨、彩作画于绢或纸、墙壁上。国画在古代无确定名称,一般称之为丹青,用到的工具主要有毛笔、墨、颜料、宣纸、绢等。中国画按题材内容主要分为三大画科,分别是人物画、山水画、花鸟画;画法有工笔与写意之分;装裱形制有卷、轴、册、屏等多种。中国画在内容和艺术创作上体现了画家对自然、社会及与之相关联的政治、哲学、宗教、道德、文艺等方面的认识。

中国的绘画艺术可以上溯到原始社会的新石器时期。

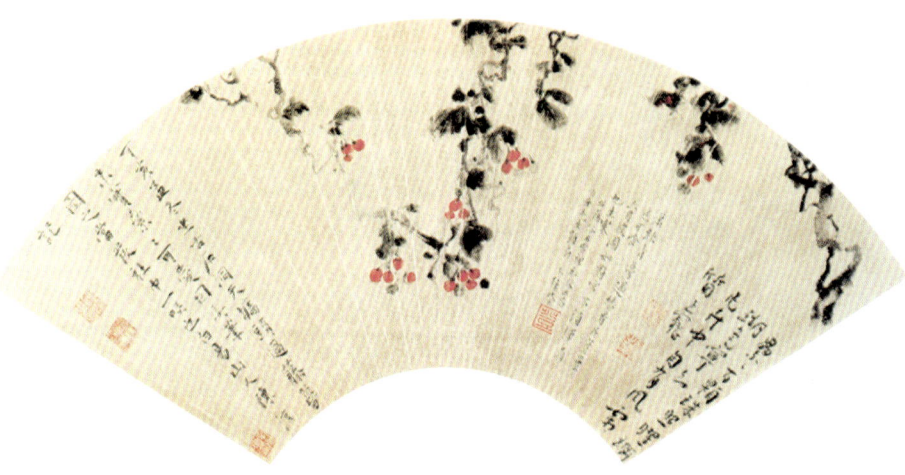

明·陈淳《红果图》

上篇　神形兼备——国画艺术

新石器时期的西安半坡遗址出土的彩陶上，画有互相追逐的鱼、跳跃的鹿；青海大通县上孙家寨出土的彩盆上，绘有三组五人携手踏歌的图画，人物富有青春的活力，这些都是中国绘画最早的萌芽。

战国时期，我国的绘画艺术就已经达到了很高的水平。此时期出现的帛画——《人物御龙图》可以有力地证明这一点。

战国帛画《人物御龙图》

字画收藏品鉴

两汉和魏晋南北朝时期，域外文化传入我国，与本土文化产生了激烈的碰撞，形成了此时期的画以宗教内容为主的局面，同时还有一些描绘本土历史人物、取材于文学作品的画。另外，山水画、花鸟画亦在此时萌芽。

唐·吴道子《维摩诘图》（局部）

上篇 神形兼备——国画艺术

隋唐时期，社会、经济、文化高度繁荣，绘画也得到了蓬勃发展。山水画、花鸟画已发展成熟，宗教画发展到了顶峰，并出现了世俗化倾向；人物画更多的是表现贵族生活，并出现了具有时代特征的人物造型。

两宋时期，中国画进一步成熟和发展起来，宗教画渐趋衰退，人物画开始更多地描绘世俗生活，山水画、花鸟画跃居画坛主流。而后发展起来的文人画极大地丰富了中国画的创作观念和表现方法。五代和北宋初期山水画最为流行，代表画家是北派山水画家李成和范宽、南派山水画家董源和巨然等。北宋中期的著名山水画家有郭熙、郭忠恕、米芾、米友仁、赵伯驹、赵伯骕等。南宋山水画一改北宋大山大水的全景式画法，专注于山川一角，代表性画家有马远、夏圭等。此外，宋代的花鸟画和世俗画也毫不逊色，著名的花鸟画家有杨补之、苏轼，最著名的世俗画家非张择端莫属。

南宋·马远《松寿图》

 **字画收藏品鉴**

元·黄公望《丹崖玉树图》

元、明、清三代水墨山水画和写意花鸟画发展十分迅猛，文人画和世俗画成为中国画的主流，涌现出许多善于观察生活、崇尚艺术的著名画家，为后人留下了许多不朽的经典之作。

元代的绘画风格和宋代有很大区别，反映现实生活的世俗画逐渐衰落，描绘文人隐逸生活的山水画越来越流行，以梅、兰、竹、菊等为题材的写意画也渐渐流行起来。元代的代表画家有赵孟頫、黄公望、王蒙、倪瓒和吴镇，后四位合称为"元四家"。

上篇　神形兼备——国画艺术

明代绘画形成了很多流派，各有千秋。明初进行了一系列政治、经济改革，促进了国家的统一、社会的安定和生产力的发展，在这种社会条件下，文化艺术也得到了很大发展。明代画坛沿着元代已呈现的变化继续演变发展，文人画和世俗画大量出现，山水、花鸟题材深受世人喜爱，而人物画发展衰落。水墨技法不断创新，进一步丰富了笔墨的表现能力。在创作上更强调抒发主观情趣，追求笔墨韵味。明代前期最有影响力的画派是由戴进、吴伟创立的"浙派"，以院体山水画为代表，主要代表人物有戴进、吴伟、刘俊、倪端、商喜、谢环、李在、边景昭、吕纪、林良、张路。明代中期的著名画派是苏州崛起的以沈周、文徵明、唐寅为代表的"吴门画派"，此派主要弘扬文人画，唐寅、仇英兼取院体、文人画之长，形成了新的面貌，此派以周臣、沈周、文徵明、唐寅、仇英、文嘉等为代表。明代后期，山水画越来越受欢迎，文人写意花鸟画也迅猛发展，画坛尊吴门画派为首，此时期的著名画家有张宏、徐渭、陈淳、蓝瑛、项圣谟、吴彬、丁云鹏、陈洪绶、崔子忠、曾鲸等。

明·陈洪绶《策杖寻春图》

字画收藏品鉴

清代画坛异彩纷呈，也出现了许多流派。其中影响较大的有以王原祁为首的"娄东派"、以龚贤为代表人物的"金陵八家"和以罗牧为首的"江西画派"等。另外吴历、恽寿平在画坛也有较重要的地位，他们与"四王"合称为"清六家"。清代画坛还有一批和"清六家"风格迥异的画家，他们注重追求个性和精神，最具代表性的人物是"四僧"——朱耷、石涛、髡残、弘仁。

清·石涛《山水清音图》

上篇　神形兼备——国画艺术

国画的分类

◆ 人物画

中国的人物画是以人物形象为主体的绘画之通称。人物画在中国画中占有重要地位，它的出现要早于山水画、花鸟画等。人物画按内容主要可分为道释画、仕女画、肖像画、风俗画、历史故事画等。人物画最重要的是把人物个性刻画得逼真传神，要生动形象、形神兼备，故中国画论上又称人物画为"传神"。具体方法是于环境、气氛、身段和动态的渲染之中表现人物性格。其中东晋顾恺之的《洛神赋图》，五代南唐顾闳中的《韩熙载夜宴图》，北宋李公麟的《维摩诘像》，南宋李唐的《采薇图》等属于历代著名人物画中的佼佼者。

五代·顾闳中《韩熙载夜宴图》（局部）

字画收藏品鉴

从世界范围来看,早期的绘画都是主要表现人物形象的,而且都为宗教或政治服务。在中国,从考古挖掘出的古代帛画或壁画中,可以一睹古代的帝王、功臣、圣贤或文人的面貌。古人一般崇神拜佛、信奉宗教,佛、菩萨、罗汉等释道人物,甚至远古的神话传说中的人物也可以在人物画中见到,这类画充满了神秘的宗教色彩。另外,古代描写现实生活百态的世俗画、表现宫廷唯美趣味的仕女画及戏曲中的人物故事画等,都有细致的感情描写,形象刻画得栩栩如生,通过欣赏各种不同形式与题材的人物画,不但可以了解古人的生活状况,还能给观赏者带来美的享受。

清·石涛《观音图轴》

上篇　神形兼备——国画艺术

» 特点

前面我们已经讲到，中国人物画最重要的要求是将人物刻画得生动传神。人物的眼神、手势、身姿与重要细节都是有利于传神的地方。人物画一般要求主次分明、详略得当，面部表情、手势动作要利于传神，因此往往比衣冠刻画得要详细；人物的活动及其顾盼呼应通常应比环境描写得更详细。在人物活动与周边环境的关系上，不同题材的作品表现方式不同，抒情性作品的人物情态往往借创造意境、氛围烘托，横幅或长卷构图的叙事性作品更是常用环境景物或室内陈设划分空间，采用主体人物重复出现的方法，把发生的故事情节——铺叙，突破了统一时空的局限。

明·陈洪绶《蕉林酌酒图》

字画收藏品鉴

在工笔设色、白描和小写意人物画作品中,关于笔墨技巧与技法方面,更重视笔法的基干作用。为更好地描绘古代人物的衣服褶纹,所谓"十八描"应运而生。画家的笔法或描法在服从于形象的结构质感、量感与神情的同时,也会传达画家的感情,能从中看出不同画家的个人风格。在写意人物画中,笔墨相互搭配,笔中有墨,墨中有笔,画出的作品既要状物传神,又要传达出作者的思想感情,还要彰显个人风格,这难度比山水画、花鸟画要大得多。还有一种人物肖像画被称为"行乐图",其与一般肖像画有所不同,一律为人物设置了最易展现其性格的特定场景。在色彩使用与诗书画印的结合上,人物画也具有一般中国画的特色。

明·王仲玉《陶渊明像》(部分)

上篇　神形兼备——国画艺术

在中国传统绘画中，肖像画与人物画所表现的主要对象都是人，都是以客观存在的人物作为观察对象和创作素材的，但在转化为艺术形象时，又有所不同，肖像画比人物画的要求更现实、更具体、更真实，也就是说肖像画描绘的人物必须是现实生活中存在的或是历史上实际存在的真人。古时称肖像画为"写真""写照""写影"，肖像画家非常看重是否"实有其人"。而人物画就没有这样的要求，它可以描绘画家概括、综合甚至想象、虚构出来的人物形象。许多论述肖像画的理论也把观察和刻画真实人物作为创作的出发点，如东晋顾恺之的"实对"理论、南齐谢赫的"应物象形"概念、宋代苏轼的"灯下取影"、元代王绎的"写像秘诀"、清代蒋骥的"以远取神"等。为真人写貌、留影是肖像画的主要功能，可以再现客观现实，发挥认识功能，同时作为纪念、供奉、鉴戒的图像，达到教化的目的。

清·华嵒《金谷园图》

| 字画收藏品鉴

» 基本技法

总的来说，中国古代人物画的表现技法大致可分成三类：一为白描画法，二为工笔重彩画法，三为写意画法，下面为大家一一介绍。

1. 白描画法

人类最早的绘画表现形式就是白描画法，此法非常简洁，在我国古代称之为"白画"或是"线描"。它是运用线条的浓淡、粗细、方圆、转折变化和用笔的轻重、快慢、提按、顿挫等艺术手法，来描绘物体的结构、质感、空间感，并采用聚散、疏密、虚实、强弱等线描形式获得形、神，从而传达画家感受的一种艺术形式。白描画法是中国画造型的主要手段和形式，同时，学习中国人物画的重要基础就是白描。战国楚墓出土的两幅画《人物龙凤图》和《人物御龙图》，是我国发现最早的帛画，它们就是用白描画法表现的，画面中的线条均匀流畅。到了唐代，著名画家吴道子的白描画的线条开始有粗细、轻重的变化，衣褶的动感与厚度感能生动地表现出来。北宋画家李公麟是当之无愧的白描画法的代表性人物，他的《维摩演教图》，把线条的特色发挥到了极致。

北宋·李公麟《维摩演教图》（局部）

上篇　神形兼备——国画艺术

到了明代，邹德中在继承前人丰富的创作经验的基础上，在其著作《绘事指蒙》中提出了"十八描"的说法，这十八种描法分别是指行云流水描、高古游丝描、铁线描、柳叶描、琴弦描、马蝗描、混描、撅头丁、曹衣描、钉头鼠尾描、折芦描、减笔、战笔水纹描、竹叶描、橄榄描、蚯蚓描、枣核描、紫笔描。

明·张灵《招仙图》

字画收藏品鉴

古人的服饰大多是宽袍大袖,据此,古代画家创制出了这十八种描法,其中有些在唐代以前就出现了,有些则是后来逐渐添加的。但是这"十八描"并不是包罗前人所有的描法,也有人主张简化为五种,或合并为三大类。当代画家董梦梅先生擅长白描人物,他指出,"十八描"是以线条描法的形状命名的,这并不妥当。他针对用笔的方法,提出了"用笔十法",即悬针笔法、抽丝笔法、自由笔法、铁丝笔法、来无影去无踪(双尖笔法)、连接笔法、拖拉笔法、擅斗笔法、跳跃笔法、倒插笔法。这十种是董梦梅先生细分的用笔方法,有些白描花鸟画也同样适用。

明·陈洪绶《拈花仕女图》

唐·周昉（传）《簪花仕女图》

2. 工笔重彩画法

用工笔重彩画法创作的画作的特点是造型工整细致、色彩浓艳而略带装饰性，晚唐画家周昉绘制的《簪花仕女图》便是一幅典型的工笔重彩画法的画作。这种技法的画作适宜使用熟宣纸或绢，通常可分成以下六个步骤：

（1）起稿：先用铅笔或炭笔在稿纸上将人物造型画出来，然后将其修改得更完善，再将画纸蒙在上面覆描。

（2）勾线：勾线的方法有两种，一种是勾勒法，另一种是勾填法。勾勒法是先用淡墨勾出轮廓线，着色后再用重墨或重颜色重勾勒一次主要线条，用这种方法不用担心着色时遮住原来的线条，但有些麻烦。勾填法比较简洁，就是用浓、淡墨色填充线条勾好的轮廓，颜色不能盖住墨线，这种方法勾出来的线条流畅，但填色时要非常小心。

（3）分染底色：为了表现面部和衣褶的凹凸起伏变化，需要在暗处先分染一次重色，面部可以选用赭石，具体操作是用一支笔蘸赭石，另一支笔蘸清水，先用颜色笔局部染色，再立刻用清水笔推开仕女的面颊。

（4）着色：传统仕女画的着色法是有讲究的，这个步骤被称为"三白法"，具体来说就是额、鼻和下颌三部分晕白粉，眼眶和面颊用色比较夸张，多用洋红、朱磦、藤黄，调少许白粉。男子的脸则用赭石、朱磦和藤黄，加少许白粉。

（5）罩色：在渲染和着色之后，一般还会存在一些色调不统一或某些部分不协调，这时候就需要通过罩色来补救。如脸部常用淡赭石平涂一到两遍。

（6）提色：大功告成之前，还需要对重点部分再进行完善，特别是眼睛、口或鼻等，这样人物面部才会更突出。画仕女面部在"三白"的部分再加白粉，有时可从纸的背面托染白粉，以加强面部的粉白效果。

明·陈洪绶《餐芝图》

明·唐寅《王蜀宫妓图》

五代·石恪《二祖调心图》（局部）

3. 写意画法

  写意俗称"粗笔"，是通过简练、放纵的笔致着重表现描绘对象的意态、神韵的画法。写意画是中国画的基本表现形式，与工笔画并称。写意画用笔不求工细，笔墨简练概括，注重作品中描绘对象神韵的表现和画家感情的抒发，属于一种简略的画法。

  五代画家石恪的《二祖调心图》就是一幅具有代表性的写意画，作者以狂放的笔意，画出了深具禅意的作品。南宋时期的画家梁楷善画减笔人物画，而且创造了大笔泼墨法，进行了大规模创新，成为写意人物画的代表性画家。他的代表作品《泼墨仙人图》《李太白行吟图》等都是用豪放而概括的笔墨，生动地表现出人物的神韵。近代自"扬州八怪"以来，也出现了许多擅长水墨写意人物画的画家，使得此画法的影响力不断扩大。

  画写意人物画最好用生宣纸，一般是先用炭笔在画纸上轻轻勾画轮廓，如果经验十分丰富，则可省略这个步骤，然后用墨将主要的线画出来，涂上大的墨色面，逐渐加重，再画次要的线与色面。写意人物画中很少用琐碎的笔墨，否则会破坏整体的统一。

字画收藏品鉴

在纸上作画,必须小心谨慎,而且要着眼全局,因为一旦失误便难以修改。用笔、用墨时,必须考虑整体,突出重点,眼睛等部位必须重点刻画,这样人物才会传神。用墨画后,再上色,着色需要依据人物的结构、明暗关系,这样色彩才富于变化,将人物的精神和表情生动地表现出来。

南宋·梁楷《李太白行吟图》

南宋·梁楷《泼墨仙人图》

上篇 神形兼备——国画艺术

◆ 山水画

中国山水画描绘的主要对象为山川自然景观，是中国画中很有特色的一部分。山水画是在魏晋南北朝时期形成的，但当时尚未从人物画中完全分离，直到隋唐时期开始独立，五代、北宋时期趋于成熟，成为中国画的重要组成部分。山水画是中国人情思中最为厚重的沉淀，从山水画中，我们能体会到中国画的意境、格调、气韵和色调。山水画体现了古人对自然、社会及与之相关联的政治、哲学、道德等方面的认识，会令观者产生丰富的联想。

清·龚贤《一道飞泉》

字画收藏品鉴

» 特点

山水画追求"平远"、"高远"和"深远"的意境,运用散点透视法,创作出理想的效果。平远意境的画可以画出非常长的长卷,囊括广阔的山水,恰似"漫步在山阴道上",边走边观赏美景;高远意境的画是从山顶画到山脚,可以画出立轴长卷,就如同乘降落伞从山顶缓慢下降地观赏景色一般;深远意境的画运用远近山的形态、浓淡对比,可体现出立体的效果,使山谷显得很深邃。

我国古代的山水画中通常都有人或建筑,这样的画看起来才生机勃勃。从唐代开始,中国的山水画开始分为南、北两派,唐代画家李思训开创了北派,他率先运用大斧劈皴法,画中重用色彩,浓墨点苔上,再用鲜亮的石青赋色,这种手法能很好地展现北方艳阳高照、峭壁高耸的山峰。宋代的画家张择端、李唐、马远、夏圭等继承了这种风格,形成了一种流派。

清·高岑《万山苍翠图》

上篇　神形兼备——国画艺术

元·王蒙《夏山高隐图》

王维不仅是著名的诗人，也是出色的画家，他的画作充满了诗情画意，他运用披麻皴和宋代画家米芾发明的雨点皴（米点皴）的方法，多用墨色少用颜色来表现蒙蒙细雨中的江南丘陵。后来，王蒙、倪瓒等画家继承并发展了这种画法，逐渐只用墨来表现山水，发展形成了南派。

总的来说，中国山水画的特点是不讲究形式上的相似，不求画的逼真，而是讲究画的神韵意境，用简洁飘逸的笔法让欣赏者产生丰富的联想，并获得精神上的享受。山水画一般看上去很有气度，让人感到宽广。其次有深度，一层一层，向远延伸，给人无穷无尽的感觉。山水画强调的是意境，所以意蕴到了就行，不需要面面俱到，重要部分就重点描绘，衬托部分就寥寥数笔，点到为止。山水画中的山石、树木一般都很奇特少见，给人一种新鲜感，比较吸引观赏者。

字画收藏品鉴

明·丁云鹏《秋景山水图》

» 分类

传统上按画法的风格将中国山水画分为水墨山水（墨笔山水）、青绿山水（金碧山水）、小青绿山水、浅绛山水（淡着色山水）、没骨山水等。

1. 水墨山水

水墨山水也称墨笔山水，主要是由文人画发展起来的，全部用墨色来画，以用笔、用墨的技法来表现，墨分五色，浓、淡、焦、干、湿，以此来表现画面远近、前后的层次关系。水墨画自古以来一直是文人自我修养、品格、性情的一种表达方式，也是文人对社会、人生、命运、大自然的一种认识。水墨山水的特点是笔墨质朴雄健，代表人物为王维，其代表作《雪溪图》《长江雪霁图》《江干雪霁图》。

唐·王维《长江雪霁图》（局部）

2. 青绿山水

青绿山水也称金碧山水,指的是具有浓厚的青绿重彩的山水画,画面多勾廓、少皴笔,装饰性强,富丽堂皇、典雅高贵,非常耀眼。李思训和李昭道父子是青绿山水的奠基人,对于后来的青绿山水发展影响极大,代表作是《江帆楼阁图》。

唐·李昭道(传)《明皇幸蜀图》

上篇　神形兼备——国画艺术

3. 小青绿山水

小青绿山水是在浅绛基础上再薄施石绿色、石青色而成。小青绿山水要求用色薄、透明、润泽。作画时先用墨线勾出山的轮廓、脉络，然后再略以淡墨混染，然后用浅绿、花青染出山的明亮部分，再调好石绿、石青分次罩染在上面，完成后会形成鲜泽厚润的效果。李思训的儿子李昭道继承了其父的大青绿法，此后的文人借鉴大青绿法，逐步演化出了小青绿山水。

清·王原祁《青绿山水》

字画收藏品鉴

4. 浅绛山水

浅绛山水（淡着色山水）中的"浅绛"原是中国画术语，指以水墨勾画轮廓并略加皴擦，以淡赭（有时也加以花青等冷色彩）为主渲染而成的山水画。这种画法是从元代开始出现的，黄公望是浅绛山水的代表人物。而陶瓷界所说的"浅绛"，是专有名词，指晚清至民国初年流行的一种以浓淡相间的黑色釉上彩料，在白瓷胎上绘出花纹石设色。浅绛山水的代表作《天池石壁图》《丹崖玉树图》等。

5. 没骨山水

没骨山水中的"没骨"二字是中国画技法的名称，顾名思义是指不用墨线勾勒，直接以彩色描绘物景的山水画。代表人物有张僧繇、杨升、董其昌等，代表作《寿苏室图》。

元·黄公望《天池石壁图》

上篇　神形兼备——国画艺术

◆ 花鸟画

花鸟画就是中国画中以花、鸟、鱼、虫等为描绘对象的画。花鸟画的概念很宽泛，并不单指花卉和禽鸟，以畜兽、虫鱼等动物和树木、蔬果等植物为描绘对象的画都属于花鸟画。

花鸟画中的画法有工笔、写意、兼工带写三种。工笔花鸟画就是用浓、淡墨勾勒形象，再深浅分层次着色；写意花鸟画即用简练概括的手法绘写对象；兼工带写的画法介于工笔和写意之间，形态逼真。

明·林良《秋林聚禽图》

| 字画收藏品鉴

» 基本技法

1. 没骨

没骨画法不用墨线，而以留白的水线来区分前后叶或花瓣与花瓣之间的关系，相当于以白当黑，适宜使用熟宣纸作画。没骨画法有以下几种表现方式：第一种画法较工细，和双勾填彩法相似，只是略去双勾的墨线，靠色彩的层层加染而成；第二种画法比较疏放，稍带写意的笔意，直接以色彩点染，一次完成；第三种画法是先工整色，未干前以其他类似的色彩点染局部，因为使用熟宣纸作画，可产生半融合效果或略带斑驳的色彩变化。

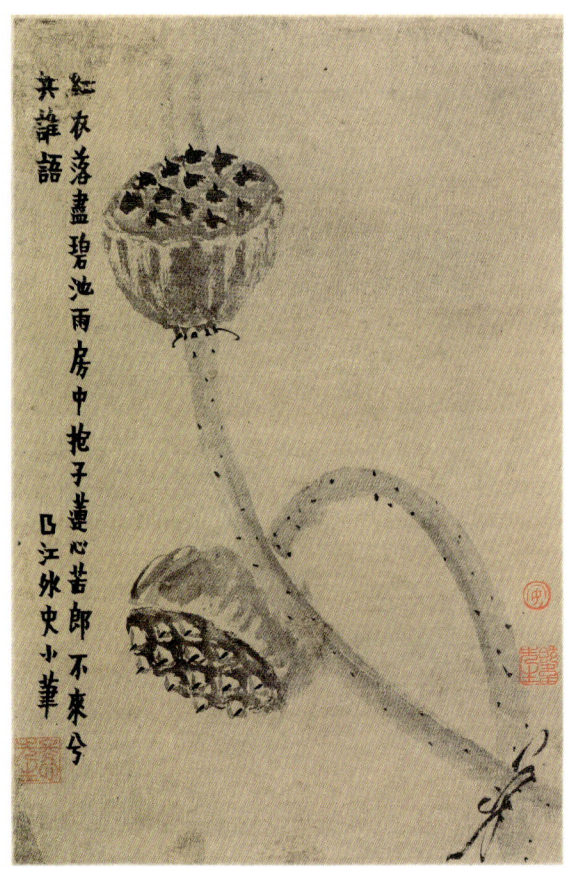

清·金农《书画图册》（之一）

2. 白描

白描画法主要是通过线条表现事物，也可渲染淡墨。画线条时，要使笔、墨结合，笔法的转折顿挫，线条的粗细浓淡，都要以所表现对象的质感或特色为依据。例如较细较淡的线条可以画花瓣，这样会显得描绘对象娇嫩柔软；偏粗偏浓的线条可用来画叶与枝梗，可表现出枝叶硬而厚的质感；略干且下笔、收笔皆虚的细线条很适合画禽鸟的羽毛，可表现出羽毛蓬松而柔软的质感。

清·金农《竹子图》

3. 双勾填彩

要使用双勾填彩法应选择熟宣纸或绢，先用墨线双勾白描后，准备两支羊毫笔作渲染，一支蘸色，一支蘸清水，运用这个技法要先可以熟练地一手执两支笔，并能灵活交换。设色时颜色要淡，可多次渲染，将花、叶内侧（或中央）的颜色

字画收藏品鉴

以清水笔推染至边缘,清水笔内水的含量要把握好,水太多会留有痕迹,太干则渲染不开。渲染完后,如原来的墨线已经模糊不清,可用重色再重勾一次,同时也可从画纸背面托染,这样画中花、叶的颜色会更加浓厚、均匀。

明·陈洪绶《荷花鸳鸯图》

上篇 神形兼备——国画艺术

4. 写意

写意花鸟画法主要是通过点垛（点簇）的技法来表现，可细分成勾花点叶法、小写意法、大写意法等。生宣纸最适合画写意画，因为生宣纸容易化开，能产生干、湿、浓、淡的不同效果，可单独用墨色来画或用几种颜色来画。笔内先调好淡色，再用笔尖蘸深色，或者可以先蘸深色再蘸清水来画，保证每一笔都有深浅的变化。

» 风格传统

中国花鸟画经历了漫长的发展变化，适应了国人的社会审美需要，形成了以写生为基础，以寓兴、写意为归依的传统。所谓写生就是通过笔墨、色彩的变化传达花鸟的生命力与特性；寓兴则是通过描写花鸟草木来表达作者的感触，缘物寄情，托物言志；写意就是强调以意为之主导作用，淋漓尽致地抒发画家的感情，不因对物象的描绘束缚思想感情的表达。

中国花鸟画的立意，并不仅仅是描花绘鸟，复制自然景物，而是紧紧抓住动植物与人们生活境遇、思想情感的某种联系而给以强化的表现，都是关乎人事的。花鸟画既重视真，一草一木、一禽一兽都贴近现实生活，又非常注意美与善的观念的表达，强调怡情作用，

明·徐渭《蕉石图》

033

字画收藏品鉴

主张通过对花鸟的描写影响人们的志趣、情操与精神生活,表达画家的内在思想与追求。

从表现上看,中国花鸟画虽重视形似,但不拘泥于形似,甚至追求似与不似之间,借此表达画家的思想感情。

清·任颐《卢燕图》

明·陈洪绶《红莲图》

上篇　神形兼备——国画艺术

在构图上，花鸟画突出主体，并不一定要将表现对象完整地画出来，有时可能只是几枝花。花鸟画讲求布局中的虚实对比与顾盼呼应，而且在写意花鸟画中，画家经常将与画意相符的诗歌题句，用与画风相协调的书法写于适当的位置，并辅以印章，成为一种以画为主的综合艺术形式。

花鸟画同山水画相比显得更具体，和人物画相比显得更丰富。其中工笔设色花鸟画更写实，带有一定的装饰意味；而写意花鸟画的笔墨更加简练，更具有程序性与不可更易性。

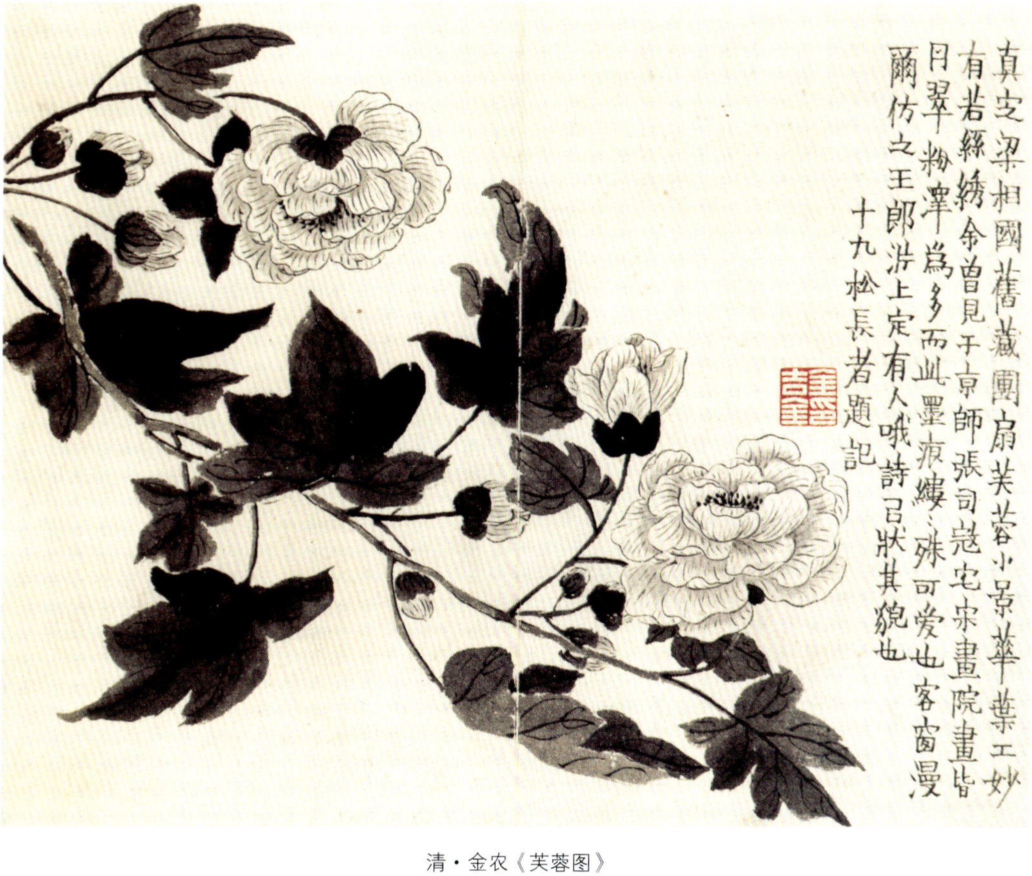

清·金农《芙蓉图》

国画的鉴赏要点

◆ 欣赏神韵

欣赏国画要先看其整体气势，也就是先体味其神韵，然后再看笔墨趣味、构图、着色等具体内容。只有抓住了国画的神韵，才算是抓住了国画的实质。因为国画的神韵是一种高层次的艺术审美享受，是国画家们追求的目标。

当然，国画的神韵并不是轻易就能抓住的，这要求欣赏者具备一定的审美能力和艺术修养，还要具备一定的国画基本知识和文化内涵。

◆ 欣赏笔墨

南齐谢赫提出的"六法"是国画的传统品评标准，此"六法"包括气韵生动、骨法用笔、应物象形、随类赋彩、经营位置、传移模写六个方面。在"六法"中，他将"骨法用笔"排在第二位。而"骨法用笔"其实指的就是国画中运用线条作为骨架进行造型的方法。它融合了汉字书法中用笔的规律和美学原则，体现了线条的力度、质地和美感。可以说线条是国画家独到的艺术语言，是国画的灵魂。

艺术家们利用不同的笔法书写着曲直、粗细、刚柔、毛涩、虚实、顺逆等不同质地的线条，并用这些线条的渐变、排列、组合、分割、呼应等，在画面上构成诸多形式的造型，展现出了线条的生命力。

笔韵是国画家追求的最高境界。运笔时所表现出的内在节律、情感起伏，通过气与力的统一变化而形成。笔力、笔气和笔韵要有机结合在一起，以气统力、统韵，以韵助气、助势，三者完美结合，才能呈现出佳作。而能将笔力、笔气和笔韵完美结合，需要国画家经过千锤百炼。

中国画的一大特点就是以墨为主，以色为辅，"笔墨"二字几乎成了中国画的代名词。如果说西方绘画是体、面、色的结合，那么中国画就是点、线、水、墨的交融。墨可分为焦墨、浓墨、重墨、淡墨和清墨五大色阶。中国的画家深谙绘画之道，认为画面太枯燥，就会有燥气；画面太湿，则无生气；墨无变化则僵

近现代·徐悲鸿《老殿古杉图》

 字画收藏品鉴

近现代·徐悲鸿《红梅》

滞死板。因此数块浓墨必以淡墨破之，一片淡墨必以浓墨破之，一片枯墨必以湿墨润之，一片湿墨必以枯墨中和。观画时我们可能尚未看清画的具体形态，就已被画面笔墨中溢出的抽象意韵所感染，这就是国画的魅力。

◆ 欣赏构图和形式

国画的构图形式多种多样，自成章法。东晋顾恺之称之为"置陈布势"，南齐谢赫则称之为"经营位置"，他们所表达的都是将国画的内容和形式加以组织、安排，构成一幅个性突出、气势恢宏的整体画面。一幅作品的质量好坏、境界高低，构图非常关键。

构图是要讲究一定的规律的，最主要的规律就是辩证法中的对立统一。符合对立统一规律的作品，耐看，富有美感，具有吸引力。完美的构图来源于生活，来源于眼界，来源于修养，来源于格调。构图的灵活性非常大，这是因为中国画使用独特的散点透视法，这种透视法可以展现绚丽多姿的世间万物，同时也给画家们带来了极大的自由空间和灵活性。

中国画讲究稳中求奇、险中求稳、打破对称，进而形成一个富有节奏的协调整体。中国画的布局常采用"三七停"起手法则，即把主要物象放置在三七点上，这就打破了对称、平衡，易于形成韵律节奏，给观画者以视觉美感。

对于绘画，不同时代有不同的品评标准。张怀瓘提出了"神""妙""能"三品，朱景玄提出了"神""妙""能""逸"四品，黄休复则强调"逸""神""妙""能"四格，张彦远定了"自然""神""妙""精""谨细"五品级。不论是哪个品评标准，都说明国画家始终追逐着高品位，充满着美学意识，他们总是在借鉴传统的基础上艰难探索，力求创作出个人高雅的风格，力争呈现出更加自然的气息。

字画收藏品鉴

影响国画价格的因素

绘画作品收藏爱好者应懂得如何评估绘画作品的价格,只有对画的价格了如指掌,才能更好地进行收藏。一般来讲,绘画作品价格的影响因素有以下几个。

(1)作者名气。通常来说,画家的名气对作品的价格有很大影响,但由于绘画作品的成交价受市场行情的影响,而绘画作品的成交方式又不同,所以即便是同一画家的作品,价格也会有所不同。

(2)作品的艺术水平。艺术水平高的绘画作品当然价格会更高。

明·沈周《花鸟图册》(之一)

明·沈周《花鸟图册》(之二)

（3）作品的珍稀程度。俗话说："物以稀为贵。"高水平画家的作品传世越少价格越高。

（4）社会状态。社会经济繁荣时期，绘画作品的价格就高，反之就便宜。

（5）绘画作品本身的艺术价值和历史价值。现如今，市场上有一种说法，认为尺幅大的绘画作品就值钱，这个观点是非常错误的。好的绘画作品不一定尺幅很大，像宋代的扇面尺幅不大，但是艺术水平极高，因此价格也比较昂贵。

国画作品的收藏现状

在中国五千年的灿烂文化中,中国画是其中的一朵奇葩。国画家将水和墨的千变万化呈现在宣纸上,并在其中加入代表中国五千年传统文化的儒、释、道等精神元素,中国画的独特魅力得以凸显。

南宋·马远《梅石溪凫图》

上篇　神形兼备——国画艺术

自唐宋以来，中国的绘画艺术得到了很大的发展，其画面所蕴含的美感，能陶冶人们的情操，给人们精神上带来极大的享受。中国画较之瓷器、玉器、青铜器和硬木家具等艺术品，无论是在观赏价值、文物价值、历史价值方面，还是在市场价格方面，都具有其他古董文玩无可比拟的优势。因此，中国名画不仅历来就受达官显贵、文人雅士所珍重，同时也受到平民百姓的普遍喜爱。

中国绘画艺术是数千年来无数中国画家心血和智慧的结晶，绝妙的笔墨技巧和东方的审美意识使之达到了富有高度艺术性和思想性的境界。然而，由于种种的历史原因，加上长期推广不足，作为东方绘画之源的中国画，虽然闻名于世，但在国际上始终未能达到应有的地位。

随着改革开放的逐步深入，人民生活水平迅速提高，作为中华文化重要组成部分的中国绘画艺术得到了空前强大的支持，其地位不断提高。中国画的市场需求正与日俱增，收藏热潮方兴未艾。绘画作品可真实反映人们在各个历史时期的生活、思想和审美观，因此可以很好地了解一个民族的发展历史和文化独特性。同时，绘画艺术是画家特殊艺术思维和表现技巧的产物，具有极高的观赏性和唯一性。目前，已经有越来越多的人认识到，优秀的

元·黄公望《剡溪访戴图》

字画收藏品鉴

国画作品是当今世界上最具投资前景的艺术资产之一,而且正呈现大幅度升值的走势。

但是高收益也意味着高风险,因此投资国画要用眼睛而不是用耳朵。收藏国画要同时兼顾"真"和"精"两方面,而要想做到这一点就必须提高自己的鉴赏眼光。国画收藏爱好者们平时应多看一些博物馆艺术品的陈列展览、已故大家作品的回顾展览及各类正规的书画展览、艺术书籍,这样才可以有效地提高自己的鉴赏眼光。此外,对投资的画家也应有所了解,投资的画作要具备画家强烈的个人风格、高超的绘画技巧。优秀的作品即便眼前收得相对贵一点也不用太担心,今后仍会有升值潜力。

收藏投资国画最大的益处在于作品不断增值的同时,还可以此提高自身的艺术修养,陶冶道德情操。国画收藏给收藏者带来的心灵上的满足感和成就感,是金钱上的回馈远远达不到的。

明·沈周《魏园雅集图》

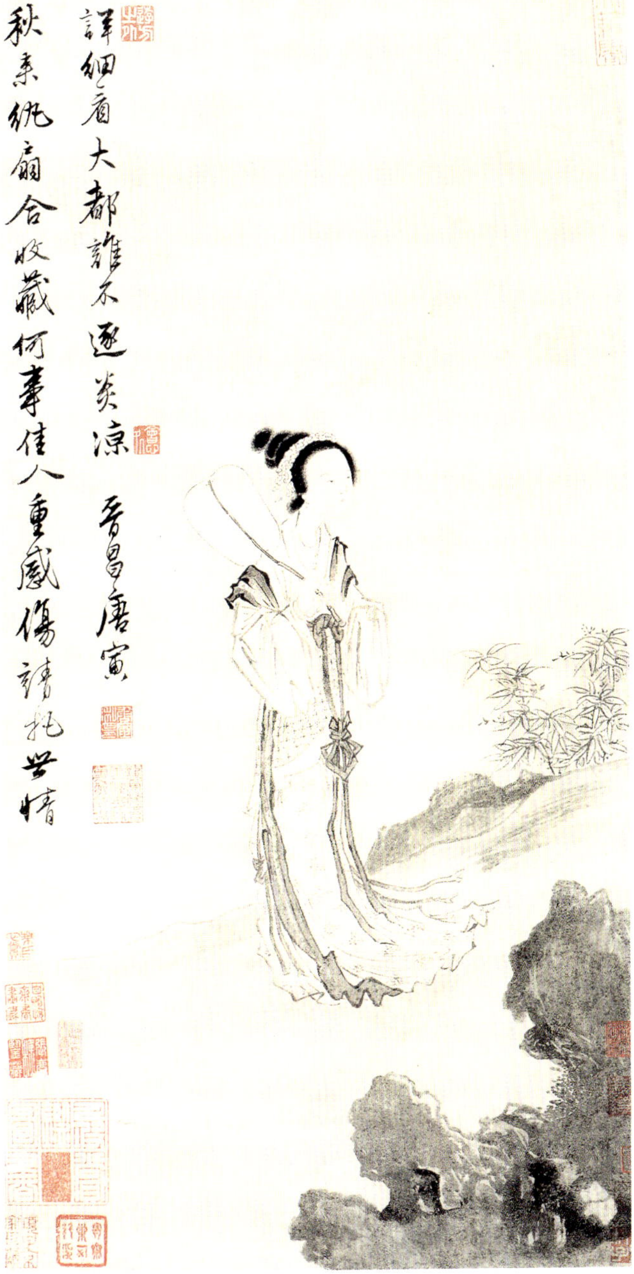

上篇 神形兼备——国画艺术

明·唐寅《秋风纨扇图》

精品国画作品赏析

◆ 顾恺之

顾恺之（约345—409年），字长康，小字虎头，晋陵无锡（今江苏无锡）人，东晋杰出画家。顾恺之天资聪颖，勤奋好学，诗赋、书法样样精通，绘画最绝。人像、佛像、禽兽、山水等都是顾恺之常描绘的题材，时人称之"画绝""才绝""痴绝"。顾恺之与曹不兴、陆探微、张僧繇合称"六朝四大家"。顾恺之作画，极重神韵，其"迁想妙得""以形写神"等论点，以及提出的"六法"，为我国传统绘画的发展奠定了基础。代表作为《洛神赋图》《女史箴图》。

上篇 神形兼备——国画艺术

 字画收藏品鉴

上篇 神形兼备——国画艺术

东晋·顾恺之《洛神赋图》

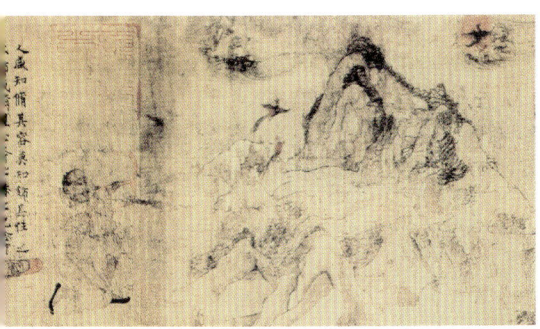

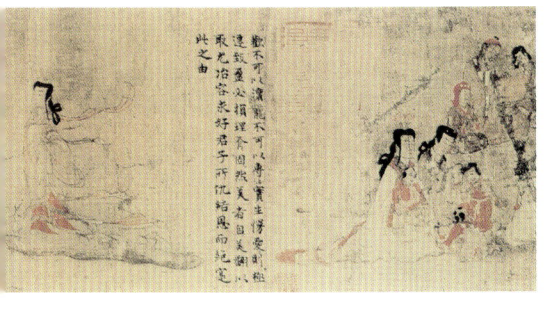

东晋·顾恺之《女史箴图》

字画收藏品鉴

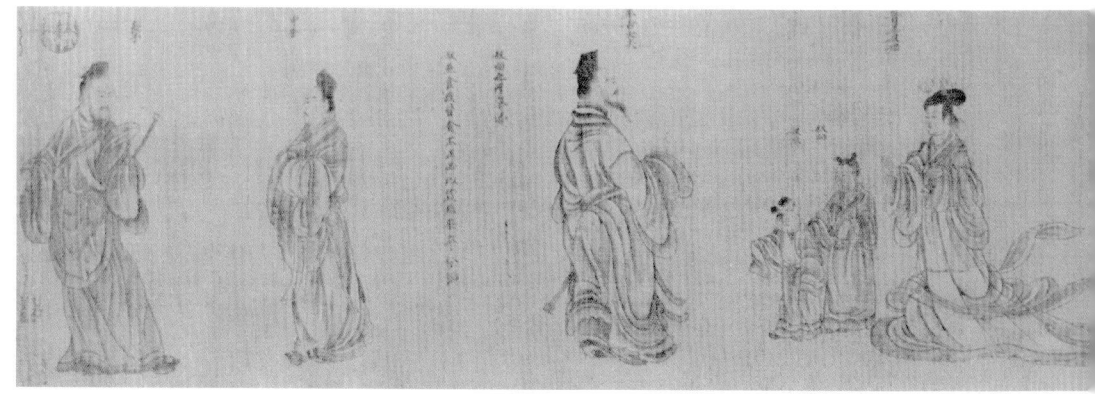

上篇 神形兼备——国画艺术

东晋·顾恺之《烈女图》

字画收藏品鉴

◆ 阎立本

阎立本（约601—673年），雍州万年（今陕西西安临潼）人，唐代著名画家，官至宰相。父阎毗，工书法，擅绘画；兄阎立德亦擅长书画、工艺制作及建筑工程。父子三人并以工艺、绘画闻名于世。阎立本的人物画线条刚劲、表现力丰富，注重对人物精神状态的刻画，绘画水平超过了南北朝和隋代的水平，其作品被时人列为"神品"，在绘画史上占有重要地位。传世作品有《步辇图》（宋摹本）《历代帝王图》《职贡图》《萧翼赚兰亭图》等。

唐·阎立本《步辇图》（宋摹本）（局部）

上篇 神形兼备——国画艺术

唐·阎立本《历代帝王图》（局部）

字画收藏品鉴

唐·阎立本(传)《锁谏图》(局部)

上篇　神形兼备——国画艺术

唐·阎立本（传）《锁谏图》（摹本）

唐·阎立本（传）《锁谏图》（局部）

字画收藏品鉴

◆ 张萱

张萱(713—741年),京兆(今陕西西安)人,唐代画家,开元年间任史馆画直。作品常表现贵族妇女和婴儿。他画妇女习惯以朱色晕染耳根,画的婴儿既天真稚嫩,又神采奕奕。据文献记载,张萱曾画过《明皇斗鸡射鸟图》《明皇纳凉图》《明皇击梧桐图》《太真教鹦鹉图》《虢国夫人夜游图》《虢国夫人踏青图》《午后行从图》《贵公子夜游图》等,但均已失传。遗留下来的作品有《虢国夫人游春图》和《捣练图》。

上篇 神形兼备——国画艺术

唐·张萱《捣练图》

唐·张萱《虢国夫人游春图》

 **字画收藏品鉴**

◆ 马远

马远（约1140—1225年），字遥父，号钦山，祖籍河中（今山西永济），生长于钱塘（今浙江杭州），南宋画家。山水画、人物画、花鸟画，马远都很擅长。山水画取法李唐，笔力遒劲阔略，喜作边角小景，世称"马一角"。人物画勾描自然，花鸟画常以山水为景，情意相交，生趣盎然。与李唐、刘松年、夏圭并称"南宋四家"。存世作品有《踏歌图》《水图》《梅石溪凫图》《西园雅集图》等。

南宋·马远《华灯侍宴图》

上篇　神形兼备——国画艺术

南宋·马远《踏歌图》

 字画收藏品鉴

南宋·马远《秋江渔隐图》

上篇　神形兼备——国画艺术

◆ 赵孟頫

赵孟頫（1254—1322年），字子昂，号松雪、松雪道人，又号水精宫道人、鸥波，湖州（今属浙江湖州）人，元代著名书法家、画家。在绘画方面，他开创了元代新画风，被人们称为"元人冠冕"。赵孟頫在中国绘画史上的地位非同一般，不管是研究中国的绘画史，还是研究中国文人画史，赵孟頫都是一个关键性人物。代表作品有《红衣罗汉图》《人骑图》《浴马图》《鹊华秋色图》《鸥波亭图》等。

元·赵孟頫《浴马图》

 **字画收藏品鉴**

元·赵孟頫《红衣罗汉图》

 **字画收藏品鉴**

上篇　神形兼备——国画艺术

元·赵孟頫《人骑图》

字画收藏品鉴

元·赵孟頫《蜀道难图》

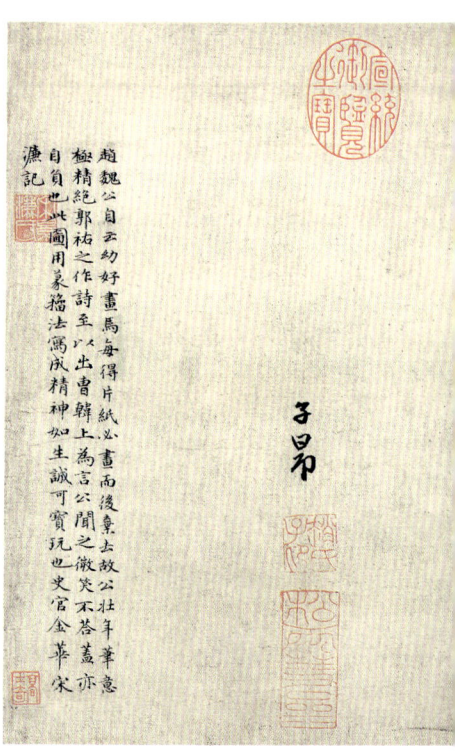

上篇 神形兼备——国画艺术

元·赵孟頫《饮马图》

元·赵孟頫《鹊华秋色图》

067

 **字画收藏品鉴**

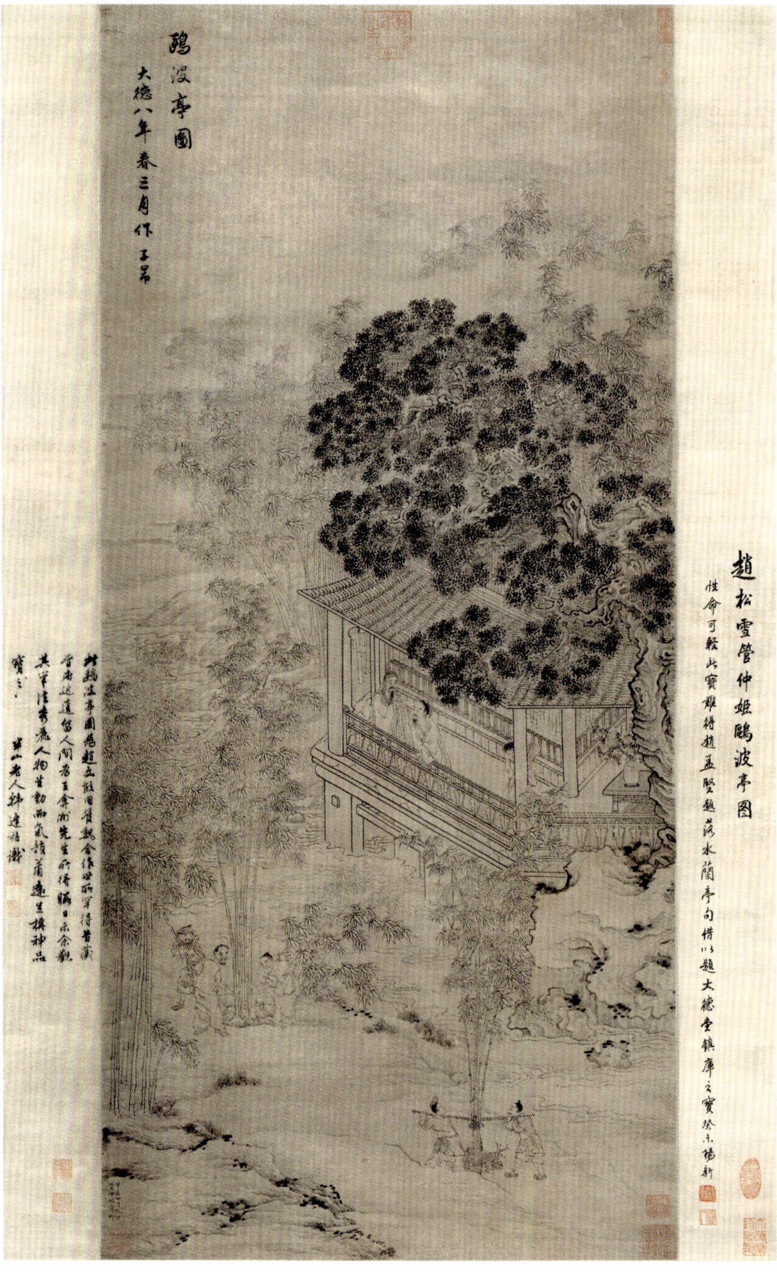

元·赵孟頫《鸥波亭图》

◆ 黄公望

黄公望（1269—1354年），字子久，号一峰，又号大痴道人，祖籍江苏常熟，后过继给永嘉府（今浙江温州）平阳县黄氏为义子，元代著名画家。黄公望才华横溢，工书法、晓诗词、善散曲、通音韵，年岁很大时才开始学画，大器晚成。黄公望与元代中后期的王蒙、吴镇、倪瓒四人在山水画创作方面都取得了很大成就，以真山真水的现实描绘为起点，在中国绘画史上占有重要地位，被称为"元四家"。存世作品有《富春山居图》《九峰雪霁图》《丹崖玉树图》《天池石壁图》《剡溪访戴图》等。

元·黄公望《九珠峰翠图》

 **字画收藏品鉴**

元·黄公望《剩山图》

上篇　神形兼备——国画艺术

元·黄公望《富春大岭图》

字画收藏品鉴

上篇 神形兼备——国画艺术

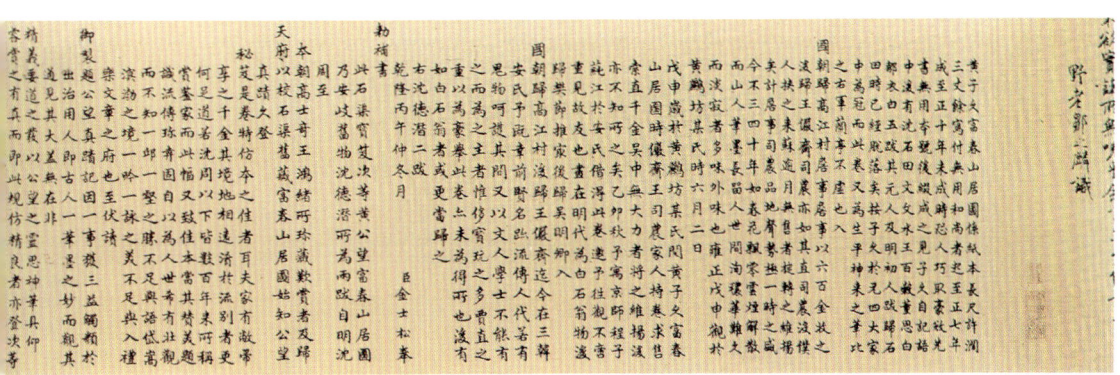

元·黄公望《富春山居图》

 **字画收藏品鉴**

元·黄公望《为张伯雨画仙山图》

◆ 沈周

沈周（1427—1509年），字启南，号石田，又号白石翁、玉田生、有竹居主人等，长洲（今江苏苏州）人，明代杰出画家。沈周才思敏捷，有很高的文学造诣，亦工诗画，山水、花卉、鸟兽、虫鱼都很擅长。沈周与他的学生文徵明并称为"吴派"两大家，又与文徵明、唐寅、仇英并称"明四家"。存世作品有《辛夷墨菜图卷》《卧游图》《烟江叠嶂图》《两江名胜图》《京江送别图》等。

明·沈周《春云叠嶂》

明·沈周《桃花书屋》

 **字画收藏品鉴**

明·沈周《辛夷墨菜图卷》（之一）

明·沈周《辛夷墨菜图卷》（之二）

上篇 神形兼备——国画艺术

明·沈周《新郭图》册页（之一）

明·沈周《云山雾树图》册页（之一）

 字画收藏品鉴

明·沈周《芳园独乐图》

上篇　神形兼备——国画艺术

◆ 唐寅

唐寅（1470—1523年），字伯虎，一字子畏，号六如居士、桃花庵主、鲁国唐生、逃禅仙吏等，吴县（今江苏苏州）人，明代杰出画家。唐寅天资聪颖，好读书，自称"江南第一风流才子"，与沈周、文徵明、仇英齐名。山水画、人物画、花鸟画样样精通，其中山水画、仕女画最绝。遗留下来的作品有《山路松声图》《枯槎鸜鹆图》《落霞孤鹜图》《杏花茅屋图》《秋风纨扇图》《百美图》《牡丹仕女图》等。

明·唐寅《吹箫仕女图》

字画收藏品鉴

明·唐寅《牡丹仕女图》

明·唐寅《李端端图》

上篇　神形兼备——国画艺术

明·唐寅《函关雪霁图》

字画收藏品鉴

明·唐寅《茅屋风清图》

上篇　神形兼备——国画艺术

明·唐寅《越来溪图》

字画收藏品鉴

◆ 陈淳

陈淳（1483—1544年，另一种说法是1482—1539年），字道复，后以字行，更字复甫，号白阳，又号白阳山人，长洲（今江苏苏州）人。能诗文，擅书法，尤精绘画，与徐渭并称"青藤白阳"。擅画写意花卉，其作品虽表现一花半叶，却淋漓疏爽，是继沈周、唐寅之后对水墨写意花鸟画的发展做出重要贡献的画家。存世作品有《红梨诗画山图》《山茶水仙图》《葵石图》《罨画山图》等。

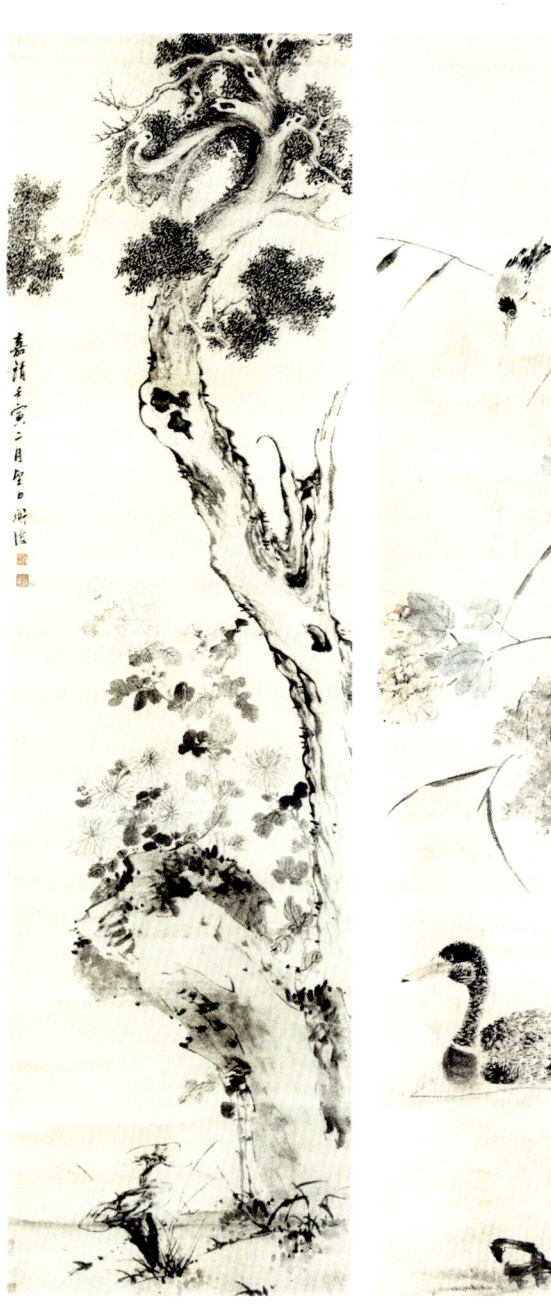

明·陈淳《柏菊仙草图》　　明·陈淳《芙蓉游鸭图》

明·陈淳《春风燕子图》

字画收藏品鉴

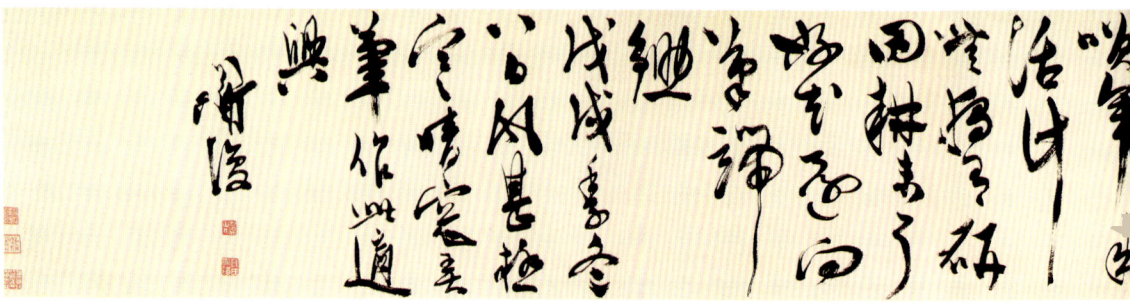

明·陈淳《牡丹图卷》

上篇 神形兼备——国画艺术

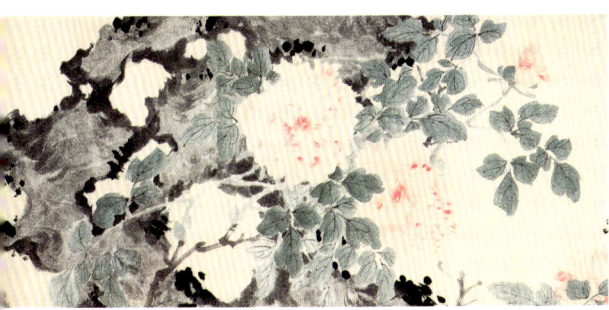

明·陈淳《菊石图》

字画收藏品鉴

◆ 董其昌

董其昌（1555—1636年），字玄宰，号思白、香光居士，华亭（今上海市松江区）人，明代书画家。董其昌善于画山水画，师法董源、巨然、黄公望、倪瓒，画风清秀恬静，用墨明洁隽朗、温敦淡荡。他以佛家禅宗喻画，提倡"南北宗"论，是"华亭画派"的代表性人物，其画及画论对明末清初画坛产生了深刻影响。存世画作有《岩居图》《秋兴八景图》《昼锦堂图》等。

明·董其昌《葑泾访古图》

上篇 神形兼备——国画艺术

明·董其昌《隔水云山图》

字画收藏品鉴

明·董其昌《秋兴八景图》（之三）

明·董其昌《秋兴八景图》（之四）

上篇 神形兼备——国画艺术

明·董其昌《右丞诗意图》 　　　　明·董其昌《赠稼轩山水图》

 **字画收藏品鉴**

明·董其昌《书锦堂记书画》

上篇 神形兼备——国画艺术

◆ 王时敏

王时敏（1592—1680年），初名赞虞，字逊之，号烟客，自号偶谐道人，晚号西庐老人等，太仓（今属江苏）人，明末清初画家。王时敏出身世宦之家，他是明万历首辅王锡爵孙，翰林王衡独子。在山水画方面造诣最高，专师黄公望，笔墨含蓄，苍润松秀，浑厚清逸，然构图较少变化。遗留至今的画作有《仿山樵山水图》《层峦叠嶂图》《秋山图》《雅宜山斋图》等。

明·王时敏《江村月色图》

明·王时敏《山城西照图》

字画收藏品鉴

明·王时敏《秋山枫菊图》

明·王时敏《秋山红树图》

上篇 神形兼备——国画艺术

明·王时敏《山村春色图》

字画收藏品鉴

◆ 王鉴

王鉴（1598—1677年），字玄照，后改字圆照、元照，号湘碧，又号染香庵主，太仓（今属江苏）人，明末清初著名画家。太仓王氏家族是有名的书香门第，王鉴的曾祖父为明代著名文人王世贞。王鉴早年曾跟随董其昌学画，他一生的画业就是沿着董其昌注重摹古的方向发展，他继承了董源、巨然、吴镇、黄公望等诸多前辈大家的优点，并有所创新，形成了自己的风格。代表作有《长松仙馆图》《仿巨然山水》《仿王蒙秋山图》等，遗留下来的画作有《虞山十景图》《梦境图》等。

明·王鉴《关山秋霁图》

上篇 神形兼备——国画艺术

明·王鉴《积雪图》

明·王鉴《岭上白云图》

 **字画收藏品鉴**

明·王鉴《水阁对话图》

上篇　神形兼备——国画艺术

明·王鉴《溪山深秀图》

字画收藏品鉴

◆ 陈洪绶

陈洪绶（1598—1652年），字章侯，幼名莲子，一名胥岸，号老莲，别号小净名，晚号老迟、悔迟，又号悔僧、云门僧，诸暨（今属浙江）人，明末清初书画家、诗人。陈洪绶在绘画方面的天资颇高，尤擅长人物画，与顺天崔子忠齐名，号称"南陈北崔"，世人赞誉"明三百年无此笔墨"。陈洪绶壮年时期作的画已经是相当生动传神，晚年的作品更是炉火纯青，愈臻化境。代表作有《九歌》《西厢记》（插图）、《水浒叶子》《博古叶子》等。

明·陈洪绶《捕蝶仕女图》

上篇 神形兼备——国画艺术

明·陈洪绶《眷秋图轴》

明·陈洪绶《斗草图》

 **字画收藏品鉴**

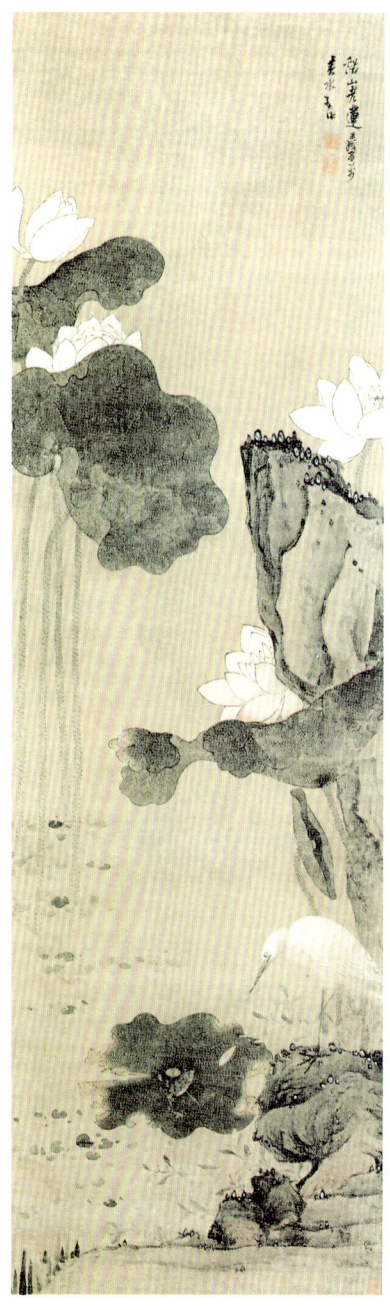

明·陈洪绶《四季花鸟图屏》（之一）　　明·陈洪绶《四季花鸟图屏》（之二）

上篇　神形兼备——国画艺术

明·陈洪绶《老子骑牛图》册页

字画收藏品鉴

◆ 王翚

王翚（1632—1717年），字石谷，号耕烟散人、剑门樵客、乌目山人、清晖主人等，祖籍江苏常熟，清代著名画家，被后人盛赞为"清初画圣"。王翚自幼爱好画画，继承家学，又向学习黄公望画法的张珂学画，年纪轻轻便展现了非凡的绘画才能。与王鉴、王时敏、王原祁合称山水画家"四王"。传世作品有《秋山萧寺图》《虞山枫林图》《秋树昏鸦图》《芳洲图》等。

清·王翚《草堂碧泉图轴》

上篇 神形兼备——国画艺术

清·王翚《春山飞瀑图轴》

 **字画收藏品鉴**

清·王翚《仿古山水图册》（之一）

上篇 神形兼备——国画艺术

清·王翚《仿古山水图册》(之二)

清·王翚《墨竹图册》(之三)

清·王翚《仿古山水图册》(之三)

清·王翚《墨竹图册》(之四)

字画收藏品鉴

◆ 石涛

石涛（1641—约1718年），法名原济，亦作元济，本姓朱，名若极，号石涛，又号苦瓜和尚、大涤子、清湘陈人等，祖籍桂林（今属广西），晚年定居扬州，清代杰出画家。石涛本是明靖江王后裔，幼年遭变后出家为僧，半世云游，以卖画为业。石涛最擅长画山水画，他的画构图新奇、意境翻新，对清代乃至现当代的画坛都产生了极为深远的影响。存世作品有《淮扬洁秋图》《惠泉夜泛图》《山水清音图》《荒城怀古图》等。

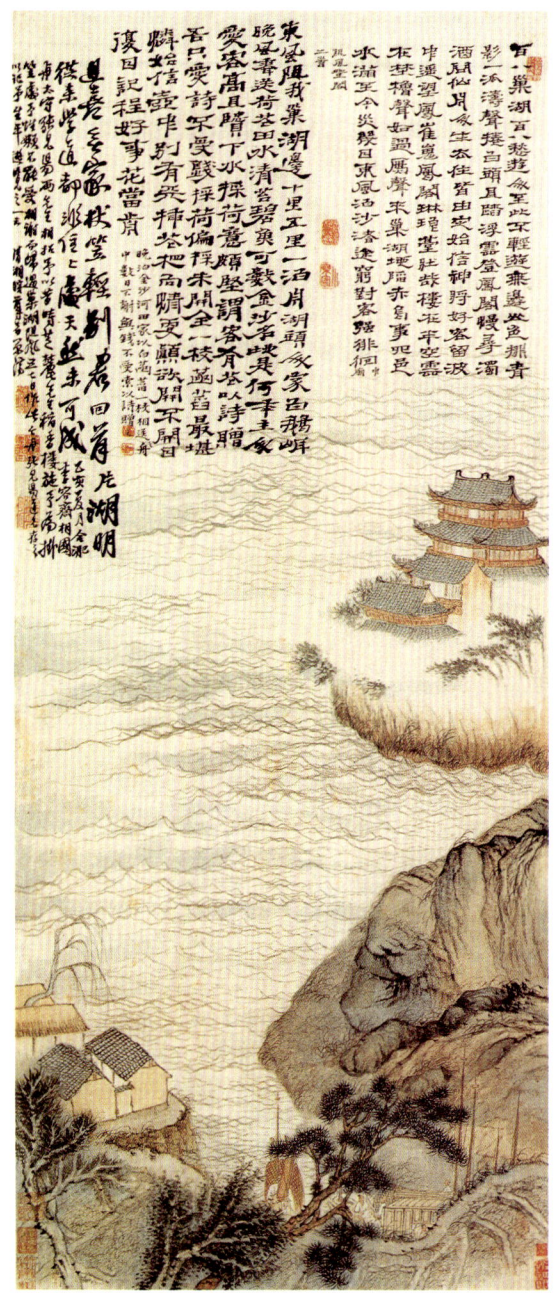

清·石涛《巢湖图》

上篇 神形兼备——国画艺术

清·石涛《东庐听泉图》

清·石涛《游华阳山图》

字画收藏品鉴

◆ 王原祁

王原祁（1642—1715年），字茂京，号麓台、石师道人，江苏太仓人，王时敏孙，清代著名画家。清康熙九年（1670年）进士，官至户部侍郎，人称王司农。王原祁的山水画最有名，继承家法，学"元四家"，以黄公望为宗。他认为好画应自出心裁，不受古法拘束。传世作品有《仿高房山云山图》《仿黄公望山水图》《夏山图》《清溪绕屋图》《西岭云霞图》等。

清·王原祁《山中早春图》

上篇　神形兼备——国画艺术

清·王原祁《松壑流泉图》

字画收藏品鉴

清·王原祁《松乔堂图》

◆ 任颐

任颐（1840—1895年），初名润，字小楼（亦作晓楼），后改字伯年，一字次远，祖籍浙江山阴，是清末著名画家。任伯年的绘画题材相当广泛，人物、肖像、山水、花卉、禽鸟样样精通。用笔、用墨丰富多变，构图新巧，主题突出，疏中有密，虚实相间，浓淡相生，富有诗情画意，清新流畅是他的独特风格。人物和花鸟是任伯年最擅长的，往往寥寥数笔便能把人物的整个神态表现出来，着墨不多而意境深远。传世作品有《三友图》《沙馥小像》《仲英小像》等。

清·任颐《荷花鸳鸯图》

字画收藏品鉴

清·任颐《孔雀牡丹图》

上篇　神形兼备——国画艺术

清·任颐《碧桃鹦鹉图》

清·任颐《东山丝竹图》

字画收藏品鉴

◆ 吴昌硕

吴昌硕（1844—1927年），原名俊，字昌硕、仓石，别号缶庐、苦铁、老缶、缶道人等，浙江安吉人。晚清民国时期著名国画家、书法家、篆刻家，是中国近现代书画艺术发展过渡时期的关键人物，在诗、书、画、印方面都取得了很高的成就，与任颐、蒲华、虚谷齐名并称为"清末海派四大家"。最擅长写意花卉，他另辟蹊径以书法入画，把书法、篆刻的行笔、运刀、章法融入绘画，形成富有金石味的独特画风。代表作有《瓜果》《灯下观书》《姑苏丝画图》等。

清·吴昌硕《金凤娇姿》

上篇　神形兼备——国画艺术

清·吴昌硕《菊花》

字画收藏品鉴

◆ 齐白石

齐白石（1864—1957年），原名纯芝，字渭清，号兰亭，后改名璜，字濒生，号白石、白石山翁、老萍、饿叟、借山吟馆主者、寄萍老人、三百石印富翁，湖南湘潭人，近现代中国绘画大师，世界文化名人。早年曾做过木工，后以卖画为生，五十七岁后定居北京。无论是花鸟、虫鱼、山水、人物，齐白石都勇于尝试，其笔墨雄浑滋润，色彩浓艳明快，造型简练生动，意境淳厚朴实。曾任中央美术学院名誉教授、中国美术家协会主席等职。主要人物画有《人物屏之醉翁图》《人物屏之望福图》《人物屏之洗耳图》《人物屏之渔翁图》《仕女条屏》《赐桃图》。

近现代·齐白石《荔枝蜻蜓》

上篇 神形兼备——国画艺术

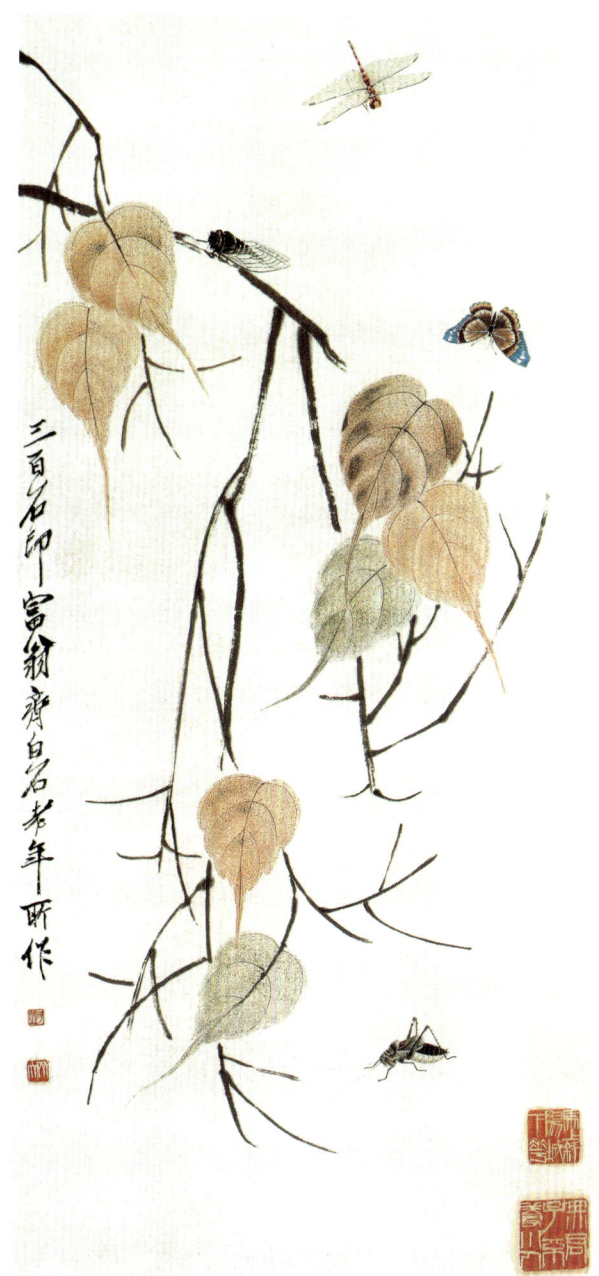

近现代·齐白石《残叶工虫》

字画收藏品鉴

近现代·徐悲鸿《奔马》

近现代·徐悲鸿《双喜图》

◆ 徐悲鸿

徐悲鸿（1895—1953年），江苏宜兴人，现代画家、美术教育家。曾到法国留学学西画，归国后长期从事美术教育，先后在国立中央大学艺术系、北平大学艺术学院和北平艺专任教，1949年后任中央美术学院院长。徐悲鸿主张现实主义，人物、走兽、花鸟都是其画的常见题材，他非常赞赏任伯年的画风，强调国画改革，他的画融入了西画技法，作画注重光线、造型，讲求对象的解剖结构、骨骼的准确把握，并强调作品的思想内涵，他的观点在美术界产生了很大影响。与张书旂、柳子谷被称为画坛的"金陵三杰"。所作国画彩墨浑成，尤以奔马享名于世。

下篇

求度追韵——书法艺术

**字画收藏品鉴**

书法艺术的历史

书法是文字表现的艺术形式，包括汉字书法、蒙古文书法、阿拉伯文书法和英文书法等。汉字书法是中国汉字特有的一种传统艺术。起初，我们的祖先以图画记事，经过长时间演变，成为当今的文字；又因祖先发明了用毛笔书写，它决定了中国书法的特性，使中国书法成为具有中国气派的艺术。到了现代，人们已经习惯用硬笔书写文字，但硬笔的书写规律与毛笔是基本相通的。书法是指按照文字特点及含义，以其书体笔法、结构和章法书写，使之成为富有美感的艺术作品。汉字书法风格独特、美不胜收，被誉为无言的诗、无行的舞、无图的画、无声的乐。

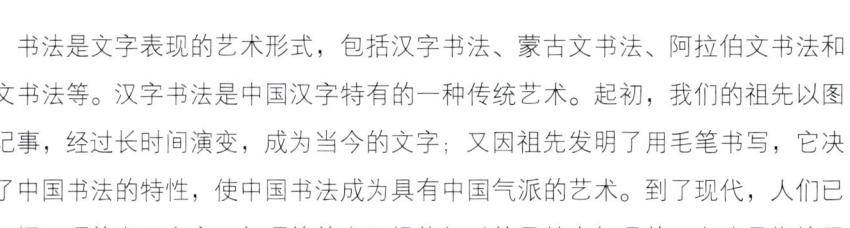

东晋·谢安《中郎帖》

下篇 求度追韵——书法艺术

书画图章本一体，精雄老醒贤传神秦汉相形，新出古今人作意，古迷新灵幻以教逼造化急就卅创留天真，非云事迹代不精收藏鉴赏谁其人，只有黄金不变色磊盘问石千百换与君，鉴开混沌仍人嗔，下高来铁笔许何程安得凤冈高世凡此印章见赠书谢博笑

清湘遗人大涤子卅

清·石涛《七言诗轴》

 **字画收藏品鉴**

◆ 先秦时期

从夏商周时期开始,一直到秦汉王朝,两千多年间书法得到了很大程度的发展。此时期各种书法体陆续出现,有甲骨文、金文、石鼓文、简帛朱墨手迹等。

◆ 秦汉时期

春秋战国时期,各国的文字都是不同的,不利于经济文化的交流与发展。秦始皇统一中国后,丞相李斯主持统一全国文字,统一后的文字被称为秦篆或小篆,是在金文和石鼓文的基础上删繁就简而来。但是秦之小篆,书写仍旧很复杂。到了汉代,为了书写方便,隶书便应运而生。

隶书在汉字书写史上占有极其重要的地位,是书法史上的一次革命,为以后各种书体的出现奠定了基础。汉代还创造了草书,草书的诞生在书法艺术的发展史上意义非凡,它标志着书法开始成为一种能够高度自由地抒发情感、表现书法家个性的艺术。草书的最初阶段是草隶。到了东汉时期,草隶进一步发展,形成了章草,后由张芝创立了今草,即草书。

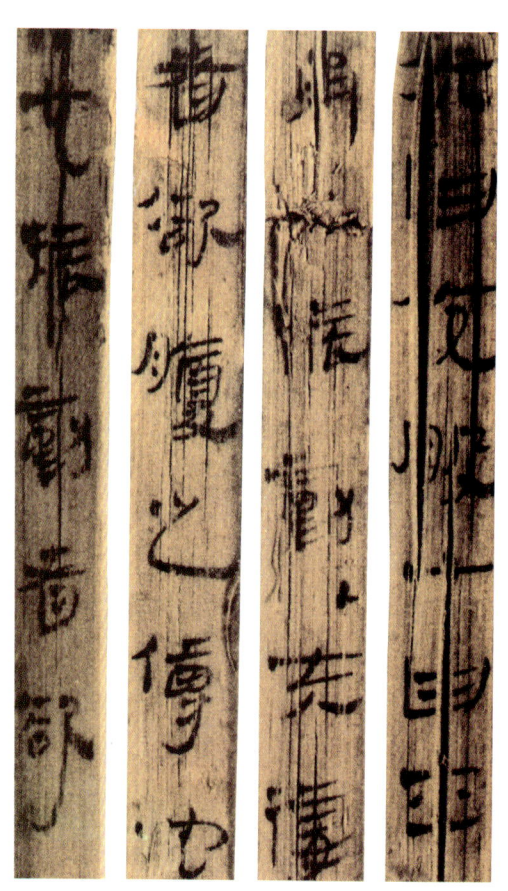

汉·《马王堆汉墓简》(局部)

下篇 求度追韵——书法艺术

  东汉时期是书法艺术的繁荣期，此时期出现了专门的书法理论著作。汉代书法家可分为两类，一类是以蔡邕为代表的汉隶书家，一类是以杜度、崔瑗、张芝为代表的草书家。

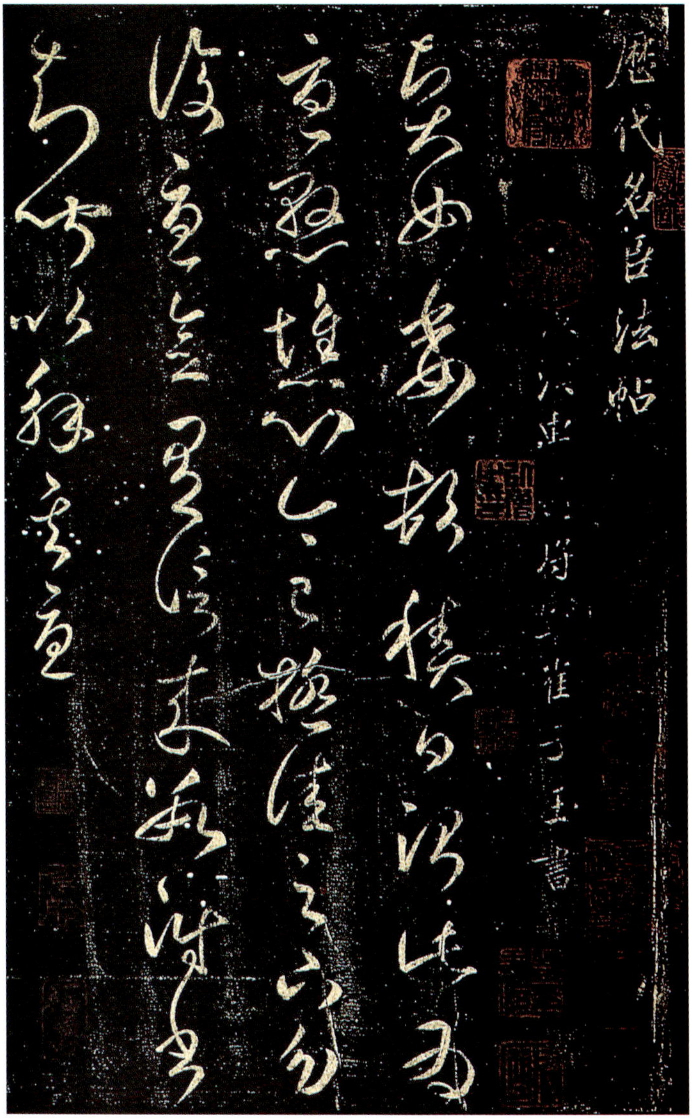

汉·崔瑗《贤女帖》

 **字画收藏品鉴**

◆ 魏晋南北朝时期

三国时期,楷书出现,隶书由汉代的巅峰地位退居其次,楷书成为书法艺术的又一主体。楷书又名正书、真书,由钟繇所创。两晋时期,书法大家层出不穷,代表人物有王羲之、王献之,他们合称"二王"。"二王"的书法遒美健秀、豪放潇洒,迎合了士大夫们的要求,使人们渐渐认识到,书写文字,还有一种审美价值。除了"二王",陆机、卫瓘、索靖、王导、谢安、鉴亮等书法家也在书法方面取得了很大成就。两晋时期最兴盛的是行书,行书是介于草书和楷书之间的另一种字体。

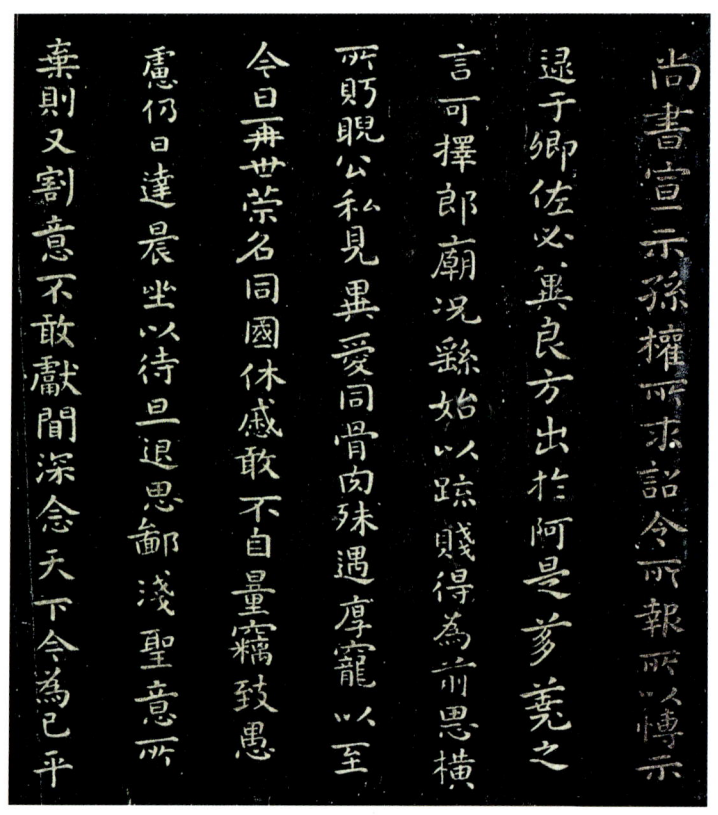

魏·钟繇《宣示表》

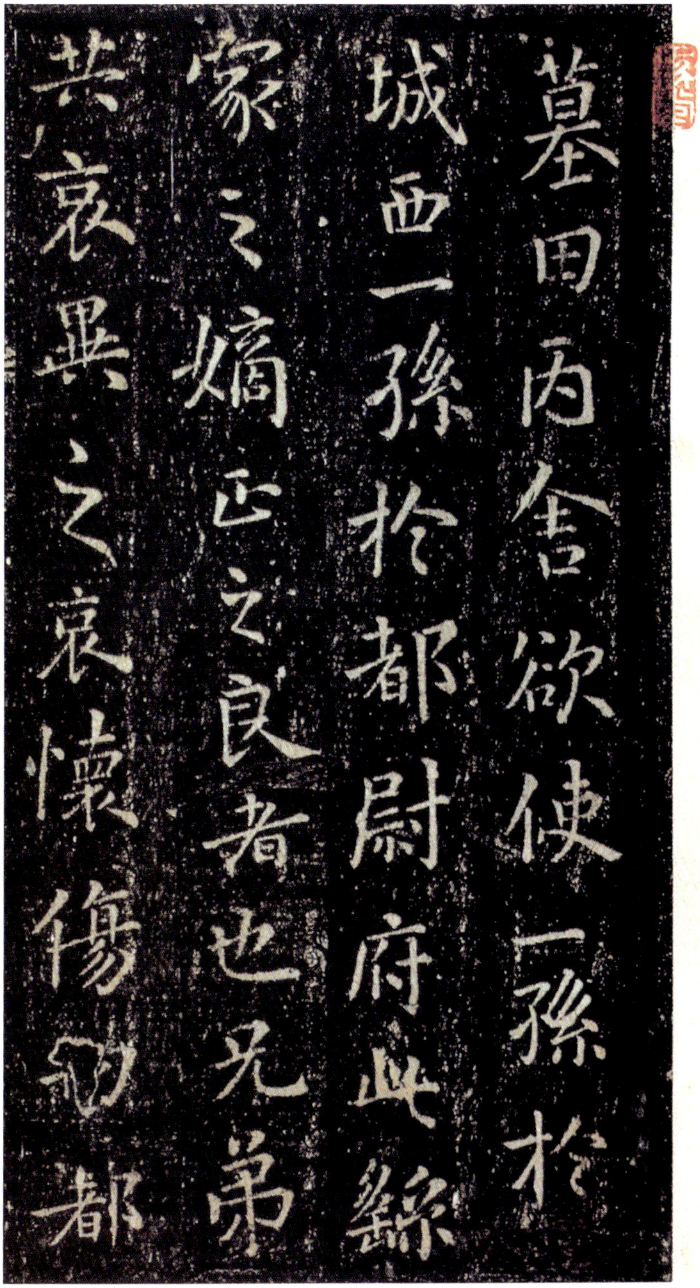

下篇　求度追韵——书法艺术

魏·钟繇《墓田丙舍帖》（局部）

 **字画收藏品鉴**

◆ 隋唐五代时期

　　隋代结束了南北朝的混乱局面,实现了国家的统一,此时期社会较为安定,楷书的形式正式确立下来。隋楷上承两晋南北朝沿革,下开唐代规范的新局面,起着承前启后的重要作用,其代表人物是智永。

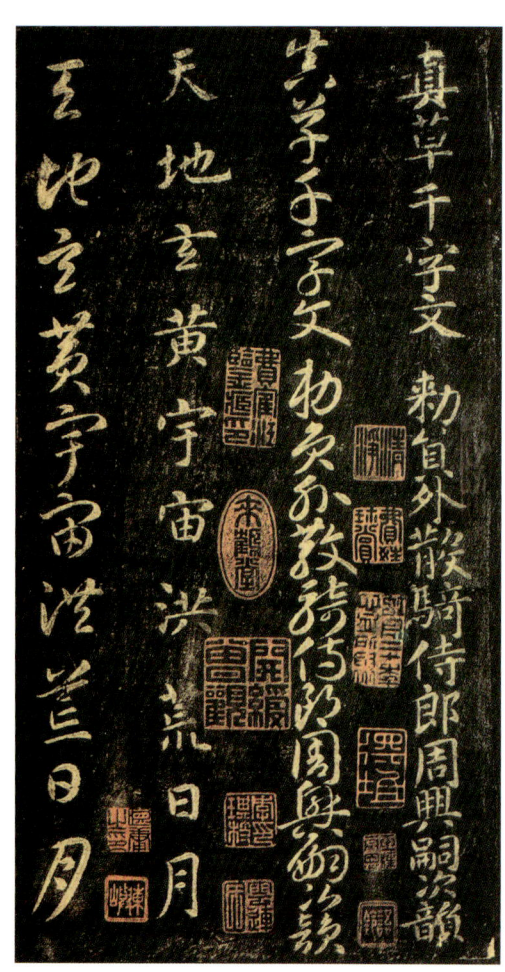

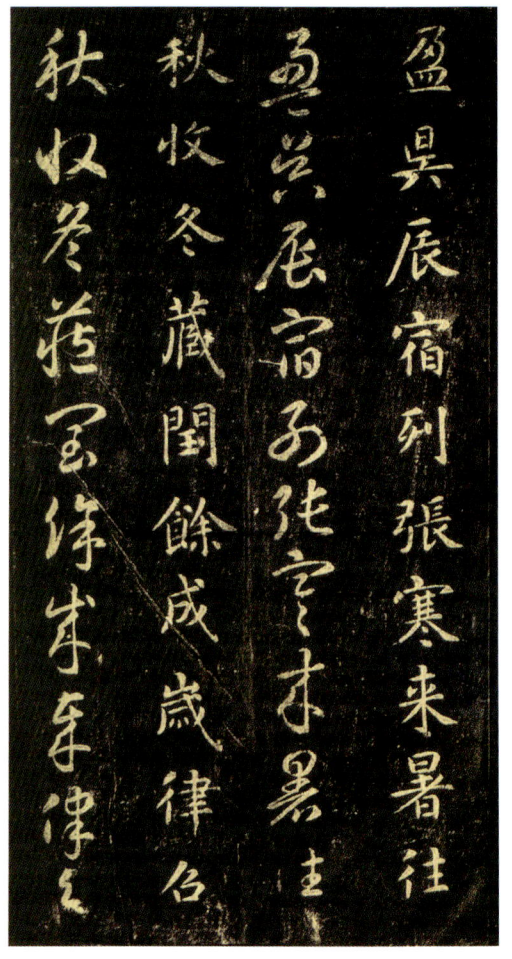

隋·智永《真草千字文》(之一)　　　　　　　隋·智永《真草千字文》(之二)

下篇　求度追韵——书法艺术

唐代文化博大精深、繁荣辉煌，达到了中国封建文化的最高峰，故而唐代墨迹遗留下来的也比前代多，大量碑版留下了宝贵的书法作品。纵观唐代书法，对前朝书法的优良部分既有所继承又有所创新。楷书、行书、草书发展到唐代都有所发展变化，时代特点十分突出，对后代的影响非常深远。

唐初，国力强盛，书法在六朝书法的基础上发生了一定的变化，但以继承为主，追求晋代书法的劲美。此时期的楷书大家有欧阳询、虞世南、褚遂良、薛稷、欧阳通等人，他们的书法风格是结构严谨整洁，在当时备受世人推崇。盛唐时期各种书体都很流行，隶书、楷书、草书取得的成绩最大。此时的书法家勇于创新，取得了辉煌的成就。颜真卿纳古法于新意之中，生新法于古意之外，其书法被后世奉为典范；张旭、怀素将草书的表现形式推向巅峰，他们的书法癫狂醉态、潇洒不羁；孙过庭的草书则显得颇为儒雅。到了晚唐五代，楷体书法有所发展。柳公权再变楷法，以瘦劲露骨自矜，进一步丰富了唐楷之法。五代时期的杨凝式兼采"颜柳"之长，上袭"二王"，破方为圆，削繁为简，侧锋取态，铺毫着力。五代之际，狂禅之风流行起来，书坛也受到了感染，"狂禅书法"虽未在五代时期成规模，但对宋代书法产生了较大影响。

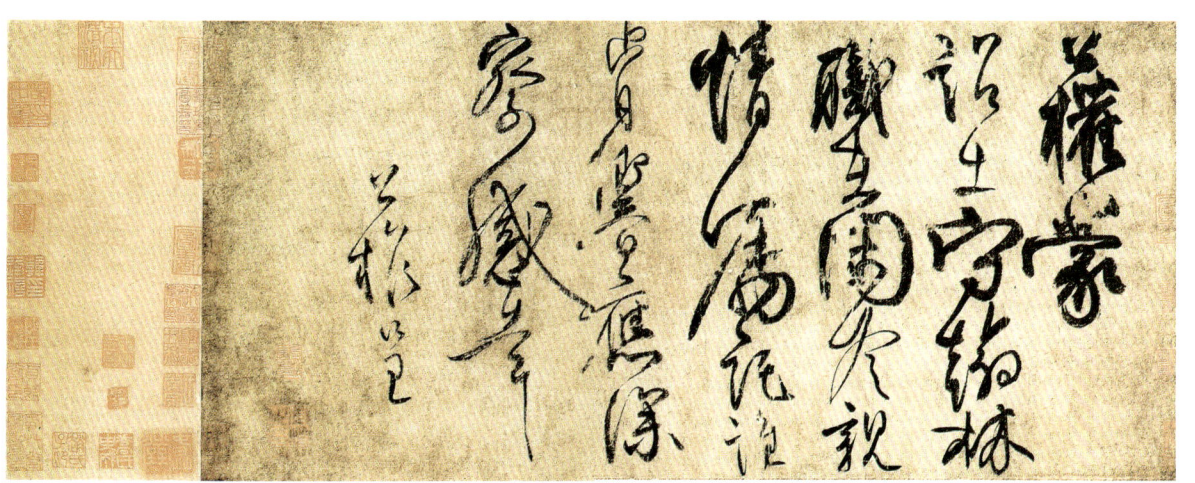

唐·柳公权《蒙诏帖》

 字画收藏品鉴

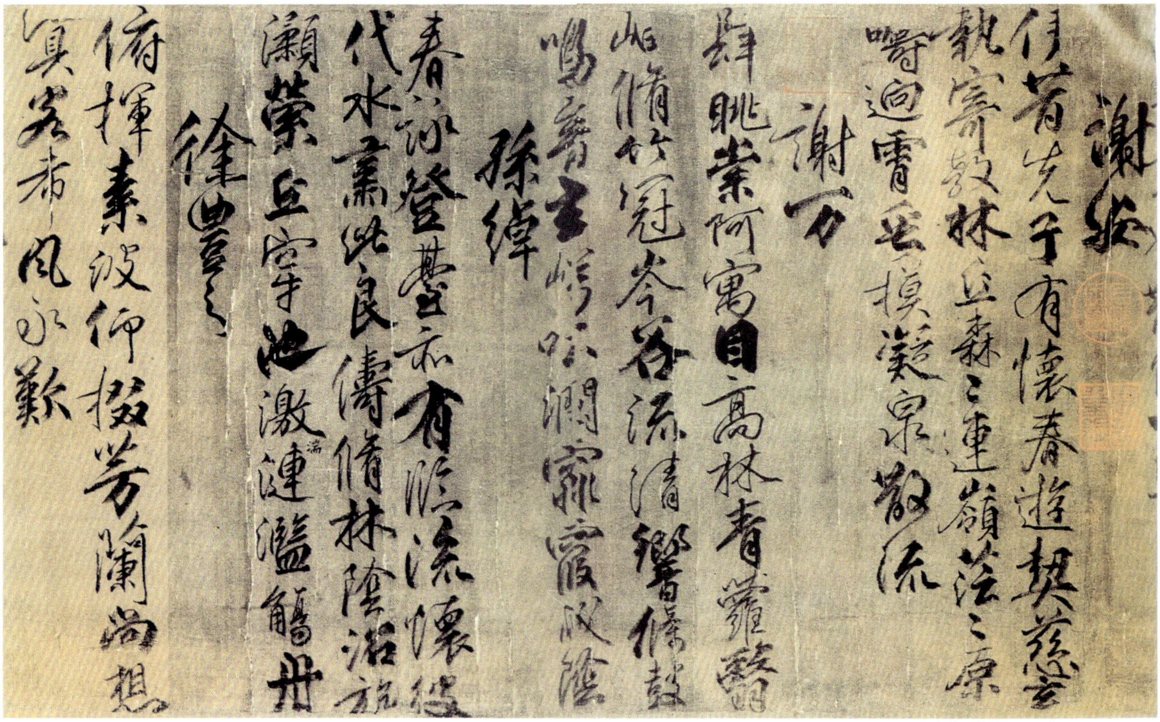

唐·柳公权《兰亭诗帖》

◆ 两宋时期

宋代书法崇尚内在意韵，这是因为宋代提倡程朱理学的缘故，意的内涵包含重哲理性、重书卷气、重风格化、重意境表现四个方面，同时倡导书法创作要独特、有个性。在尚意思想的引导下，宋代书法以一种尚意抒情的新面目出现在世人面前。北宋后五十年，宋代书法极其鼎盛繁荣，出现了很多有名的书法家，其中成就最大的被称为"宋四家"，他们分别是苏轼、蔡襄、黄庭坚、米芾。蔡襄在书法方面天资极高，苏轼自出新意，黄庭坚高视古人，米芾洒脱奇险，他们在力图表现自己的书法风貌的同时，也显现出一种标新立异的姿态，并给人以一种新的审美意境。南宋的著名书法家有吴说、陆游、范成大、朱熹、文天祥等。

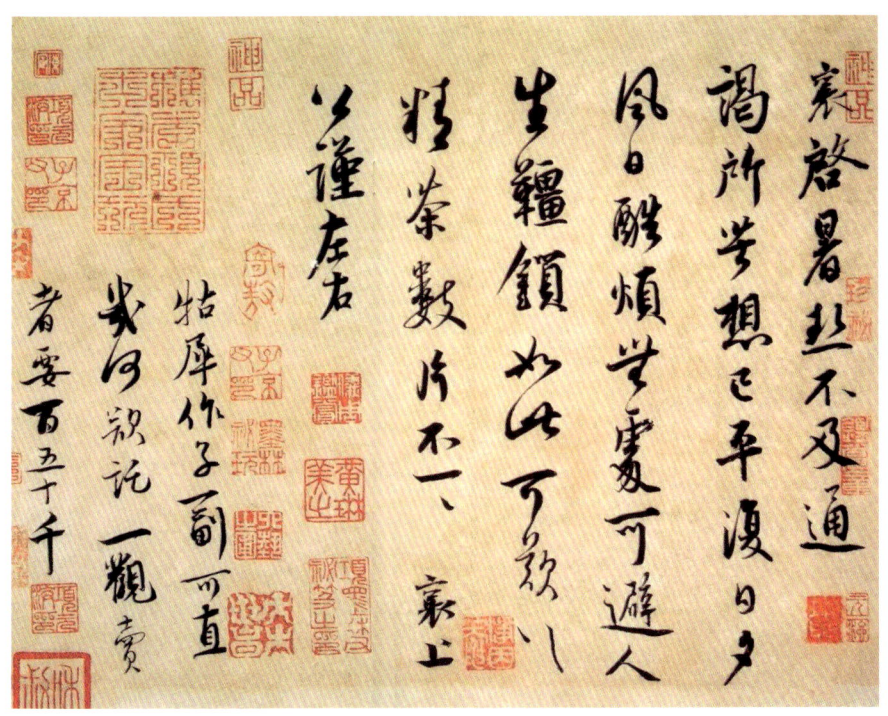

北宋·蔡襄《暑热帖》

字画收藏品鉴

宋代书法成就较大的是楷书、草书和行书，其中成就最辉煌的是行书。宋代书法家在继承晋、唐优秀传统的基础上，又都有自己的主张，令人耳目一新。

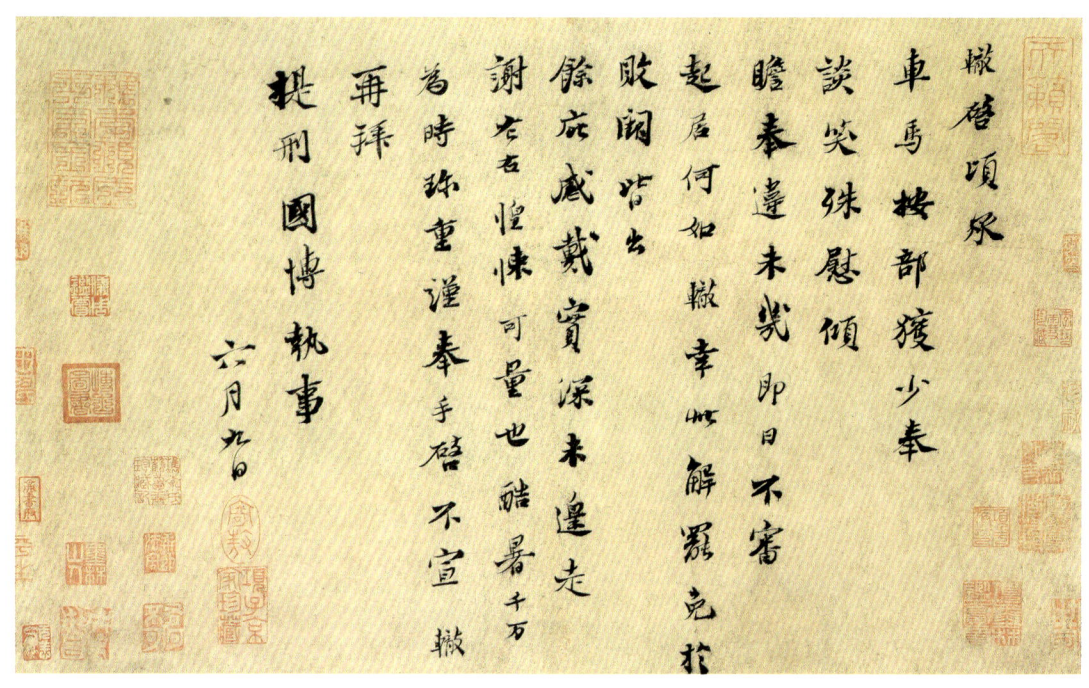

北宋·苏辙《致提刑国博》

◆ 元朝时期

元初经济文化发展较缓慢，总体来说，书法是崇尚复古的，主要是学习晋、唐，创新不多。元代虽然是蒙古族统治的，然而其文化却深受汉族影响。元代书法与宋代不拘常法的意境追求差别较大，是一种对刻意求工的形式美的追求。元代书坛最具代表性的人物是赵孟頫，他所创立的楷书"赵体"与唐楷之欧体、颜体、

下篇　求度追韵——书法艺术

柳体并称"四体",成为后世临摹的主要书体。其他书法家有鲜于枢、邓文原,他们虽然不像赵孟頫那般有名,但也有自己的独到之处。他们主张书、画同法,注重结字的体态。

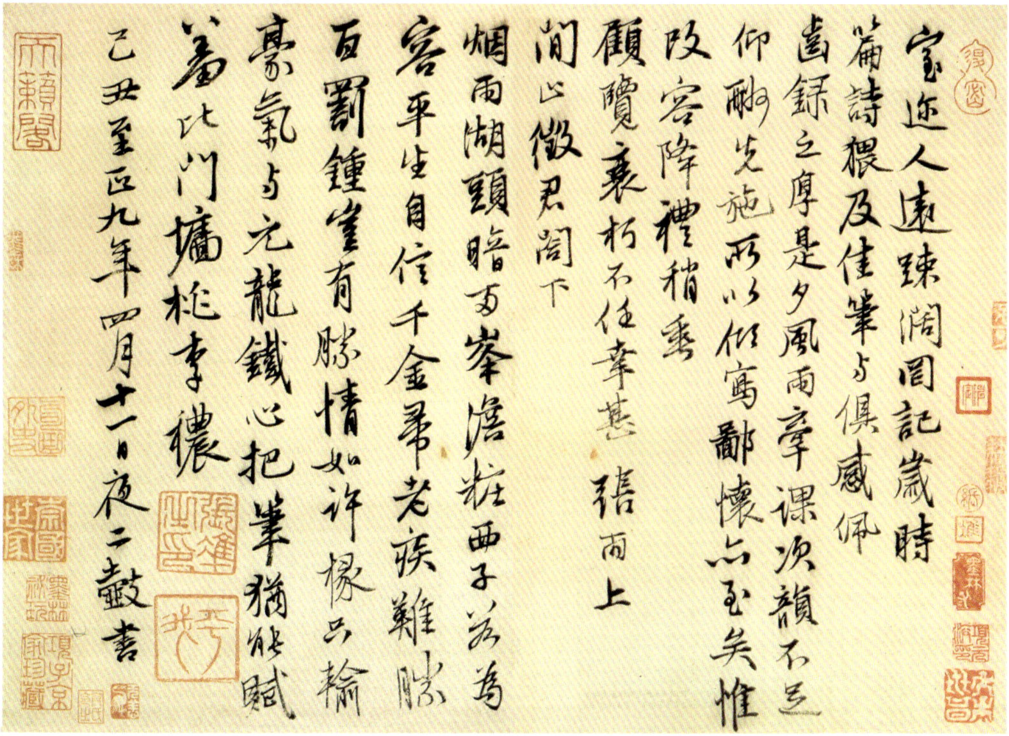

元·张雨《致间止征君》

◆ 明朝时期

明初书法流行的是"一字万同""台阁体"。沈度、沈粲两兄弟善于书写工稳的小楷,他们并称"二沈",后来"二沈"的书体成为官府科场最流行的书体。明初著名的书法家还有宋克、宋璲和宋广,他们合称"三宋"。宋克擅长草书、楷书,他的章草在历史上最有名。

字画收藏品鉴

明中期，书法家们的视野变宽，他们取法唐宋，书法风格又与唐初有所不同，这和当时的思想观念有关，书法开始迈入倡导个性化的新境域。此时期最著名的是"吴中四家"，他们分别是祝允明、文徵明、陈淳、王宠。

晚明书坛兴起一股批判思潮，书法上追求大尺幅，追求震荡的视觉效果，他们侧锋取势、横涂竖抹，使书法原先的秩序开始瓦解。这类风格的代表书家有张瑞图、黄道周、倪元璐等。而此时期的董其昌仍坚持传统立场。

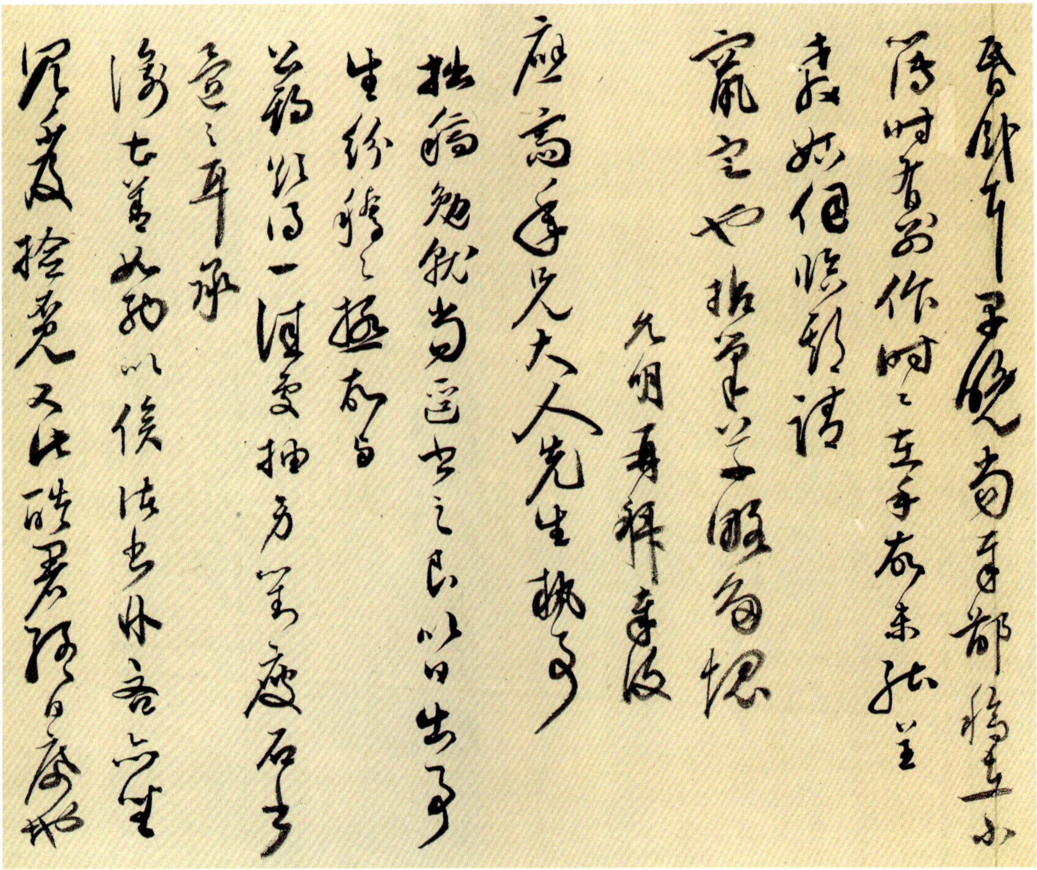

明·祝允明《致应斋年兄大人先生》

◆ 清朝时期

清朝的书法风格是晚明书风的延续，追求个性与发扬理性互相结合，正统的古典美学与求异的新型美学并盛。清初的八大山人、傅山、王铎、朱彝尊、严绳孙等人都继承了明代的书风。清初，帖学迅速风靡，并在康、雍、乾三朝达到顶峰。帖学的代表人物有刘墉、王文治、梁同书、梁国治、钱沣、翁方纲、铁保等。

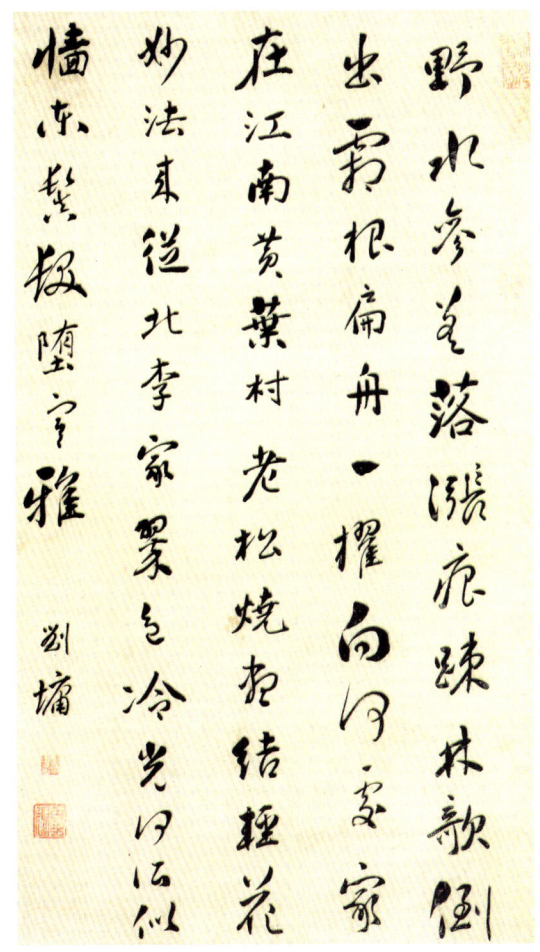

清·刘墉《行书七绝二首诗轴》

 **字画收藏品鉴**

乾隆、嘉庆时期，随着古代碑版的大量出土，金石学流行起来，清代中期以后书坛上又出现了碑学热。加之阮元、包世臣、康有为等人的大力宣传，碑学作为一种与帖学相抗衡的书学系统而存在。当时著名的书法家如金农、张问陶、邓石如、何绍基、赵之谦、吴昌硕、张裕钊、康有为等纷纷用碑意写字作画，碑学的发展到达了顶峰。书法家们把碑学推向多样化，大大拓展了中国书法艺术的疆域。

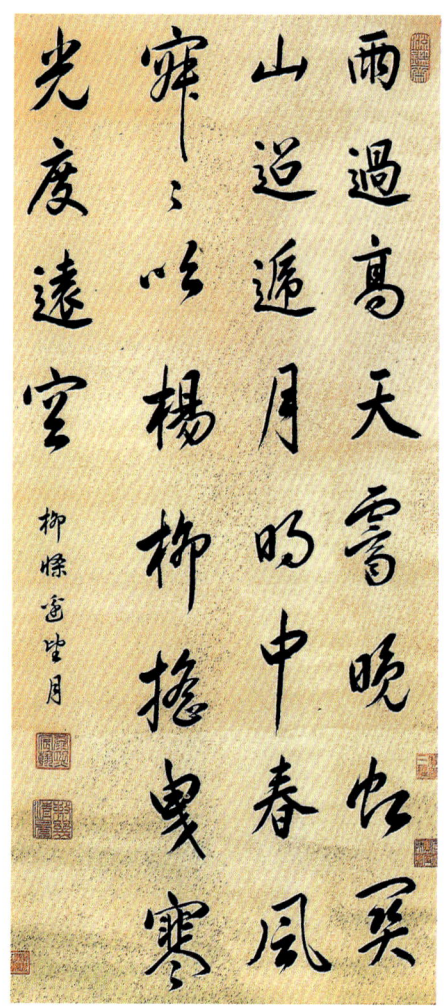

清·玄烨《柳条边望月诗轴》

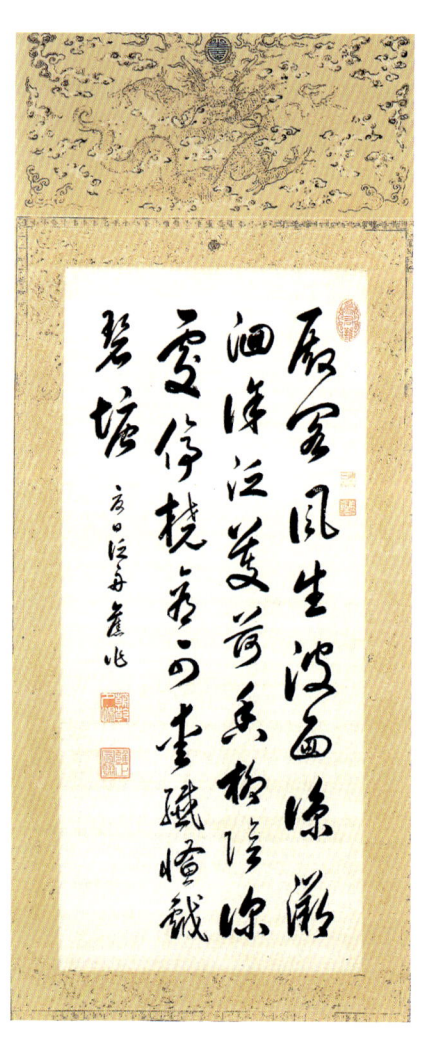

清·胤禛《夏日泛舟诗轴》

书法艺术的鉴赏要点

◆ 形态美

整体来说，中国字是方方正正的，但是通过点画的伸缩、轴线的扭动，也可以形成各种不同的动人形态，优美的书法作品也从中体现。书法形态主要包括两方面：一是书法意趣的表现需要；二是书法表现的形式因素。书法表现的形式因素主要体现在三个方面：一是受书体的限制，如篆体是竖长方形的；二是受字形的影响，有的字是扁方形，而有的字是长方形的；三是受章法影响。因此，书法在进行形态创造时，要受上述因素的支配，只有这样才能创作出美的结构形态。

清·翁方纲《楷书心经册》（局部）

字画收藏品鉴

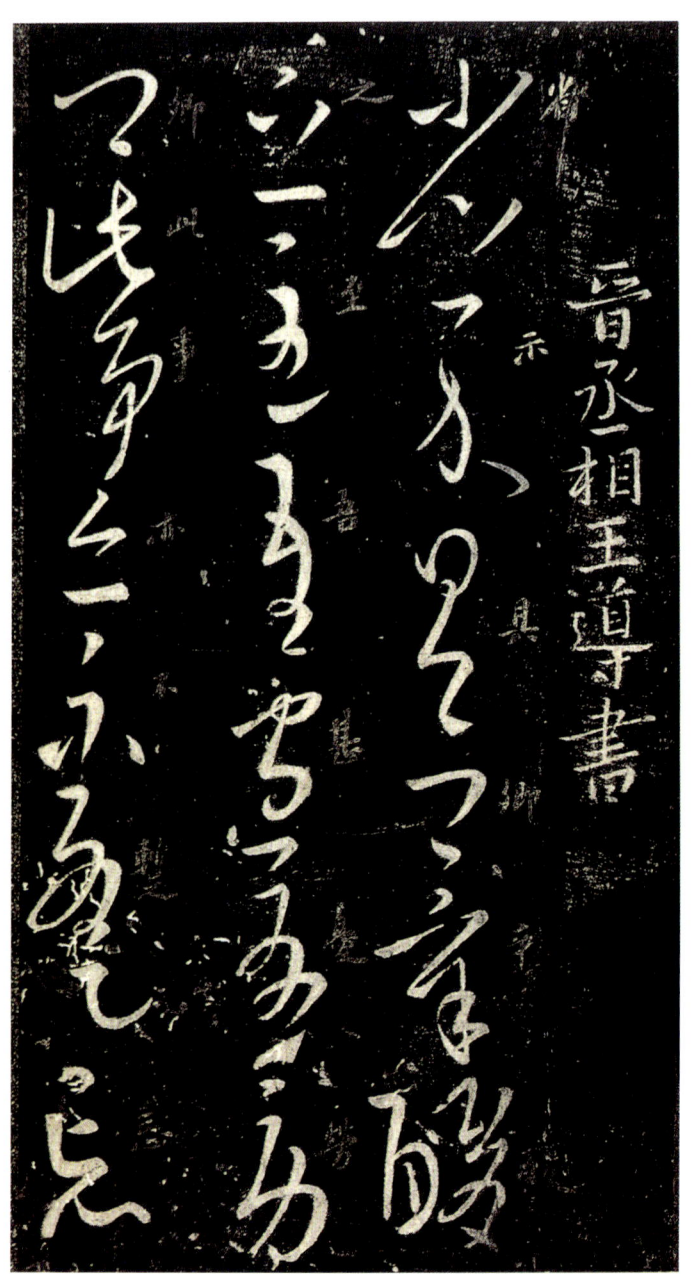

东晋·王导《省示帖》（之一）

◆ **结构美**

点画结构美的构建方式主要有两种：一种是指各种点画按一定的组合方式，直接组合成各种美的独体字和偏旁部首；另一种是指将各种部首再按一定的方式组合成各种字形。中国字的部首组合方式主要有左右式、左中右式、上下式、上中下式、包围式、半包围式等几种，书写时要遵循比例原则、均衡原则、韵律原则、节奏原则、简洁原则等。这里要特别注意比例原则，其中黄金分割比又是一个非常重要的比例，对点画结构美来说非常重要。

◆ 色彩美

书法色彩美就是墨色组合的艺术性,主要是指其组合的秩序性。书法是一种艺术,它涉及的色彩不能是杂乱无章的,应该遵循一定的秩序。有一些美学原则是所有书者都应该遵循的,包括重点原则、渐变原则、均衡原则等。书法结体的墨色组合,主要涉及两个方面:一是对背景底色的分割组合,人们常说的"计白当黑",就是指的这一点;二是点画结构的墨色组合,从作品的整体效果来看,点画墨色的平面结构要注意,点画墨色的分层效果也不能忽视,这样才能增强书法的表现深度。

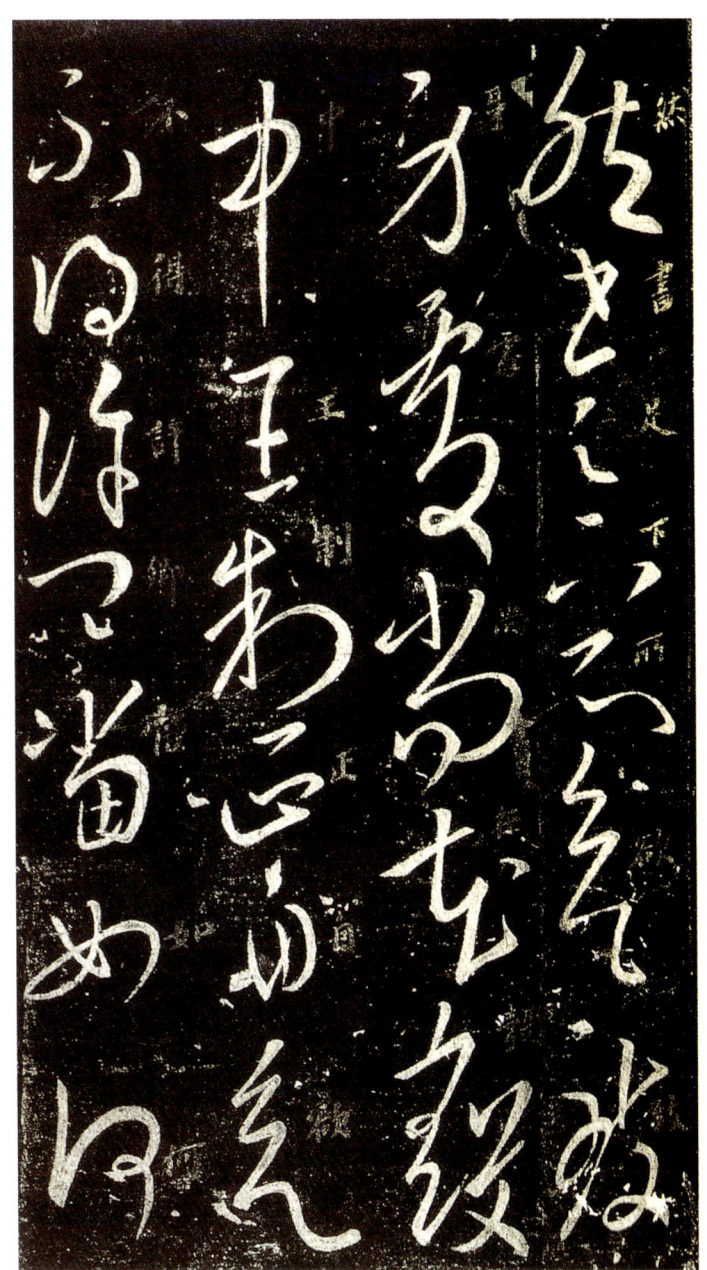

东晋·王导《省示帖》(之二)

字画收藏品鉴

名头对书法作品价格的影响

在艺术品市场上,艺术品价格的高低并不完全取决于作品的艺术水平,这一点在书法作品方面体现得最为明显。现今已知的最早的书法真迹是距今已有1700多年历史的西晋陆机的《平复帖》。著名书法家的传世之作通常都有碑帖、实物流传或典籍著录,特别是20世纪之后出版的各种美术史论典籍都将大名头放在非常重要的位置,如《中国书画图录》和《中国绘画史》等。书法收藏爱好者通常都喜欢大名头的作品,他们对大名头书法家的作品风格往往比较熟悉,所以市场上就形成了名头在先、书法在后的规则。当然,除此之外,名人书法作品的价格还会受其他因素的影响。通常来说,如果名头相当,艺术价值越高的,则价格越高。

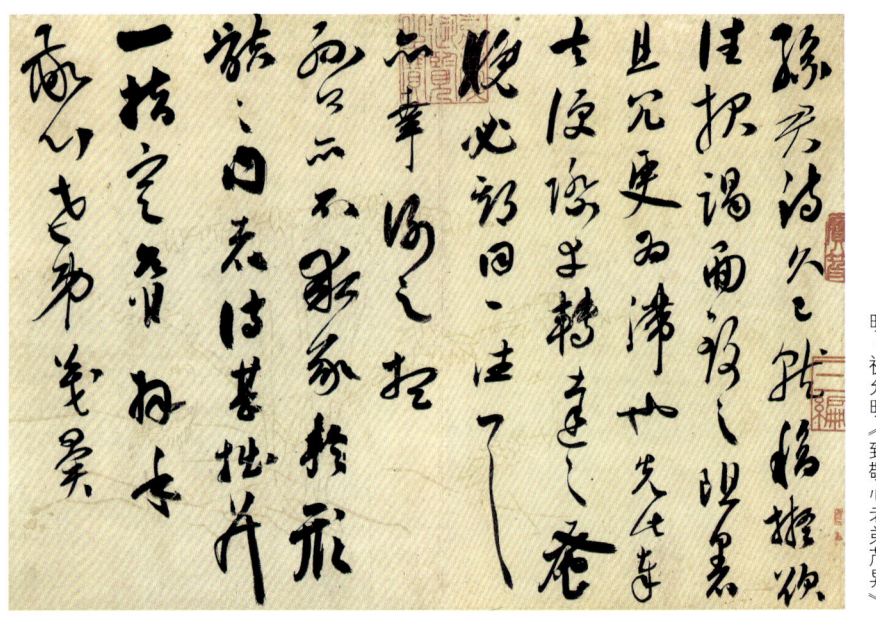

明·祝允明《致敬心老弟茂异》

下篇　求度追韵——书法艺术

书法作品的收藏要点

随着中国经济的不断繁荣，国内艺术品收藏也蓬勃发展，中国书法作品的地位及价值也不断提升。收藏书法作品，除可以陶冶情操外，还可以作为一种保值、增值的投资方式。书法作品收藏有一些要点需要注意，下面简单介绍一下。

第一，投资书法作品应量力而行。尤其是在收藏初期，应该小心谨慎。拍卖市场售出的书法作品，少则几千或几万元，高则数十万元，甚至上百万、千万元，初入门者经验不足，最好先购买一些价格公道但质量较好的中等名家的作品。

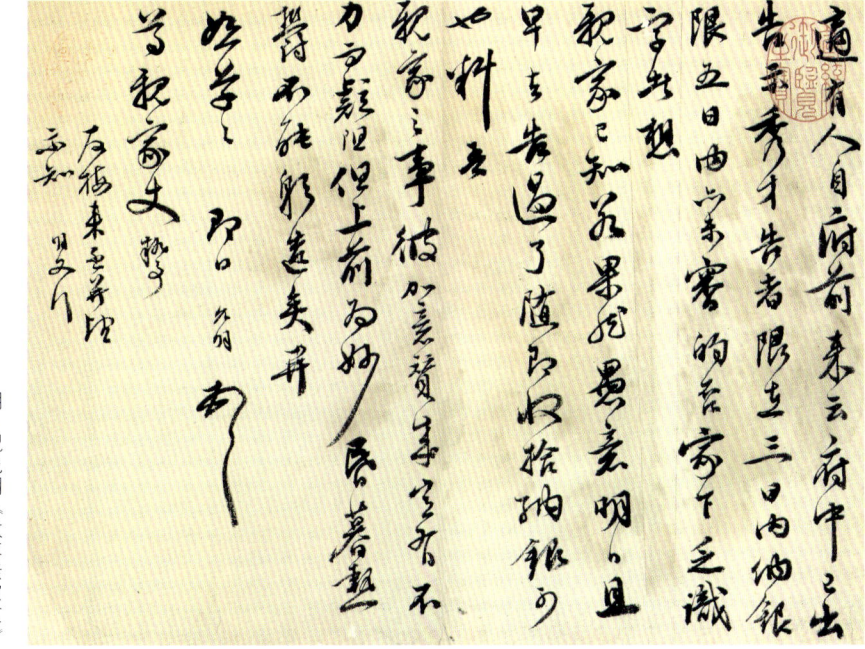

明·祝允明《致尊亲家丈》

字画收藏品鉴

第二,有争议的作品谨慎购买。现在,书画市场上有不少赝品,如不细心,就可能上当受骗,造成不必要的损失,因此,购买时千万不能大意,有争议的作品可以请行家鉴定。

第三,收藏要有目标,不要四面出击。收藏书法作品可以选择某个时期、某种字体,甚至某个书法家的作品,集中精力把某一方面的行情摸清,掌握其艺术特征,做到心中有数,这样才会游刃有余。只有那些有丰富经验和雄厚经济实力的收藏者才有能力广收博采,否则很难达到目的。

第四,收藏不要盲目追潮流。一个好的收藏家,同时也应是个鉴赏家。如果不懂鉴赏,只会盲目跟风,就很容易造成不必要的损失。真正的书法作品收藏家,应该通过不断学习、观摩,形成自己的审美观点。

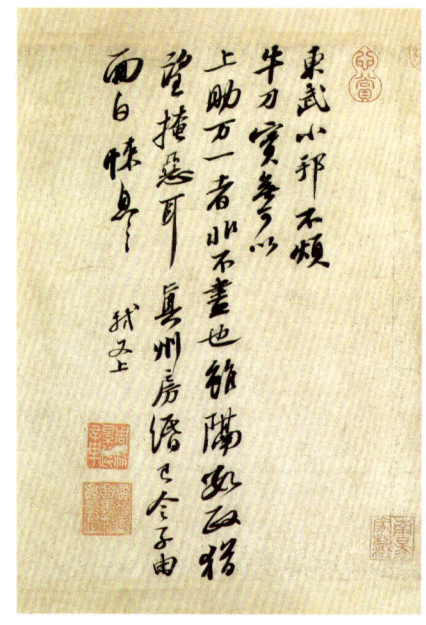

宋·苏轼《东武小邦帖》

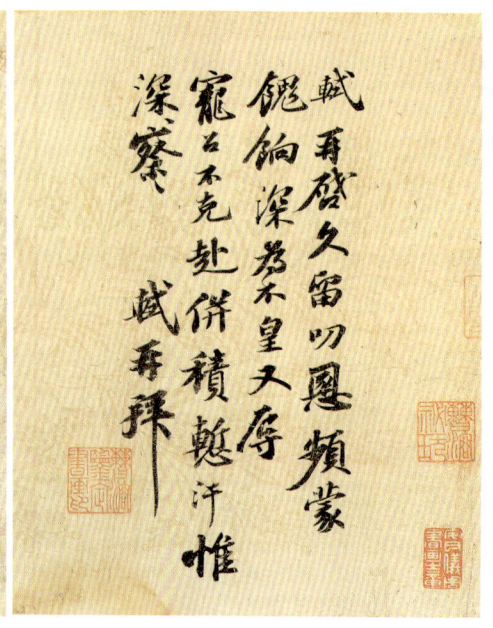

宋·苏轼《久留帖》

下篇 求度追韵——书法艺术

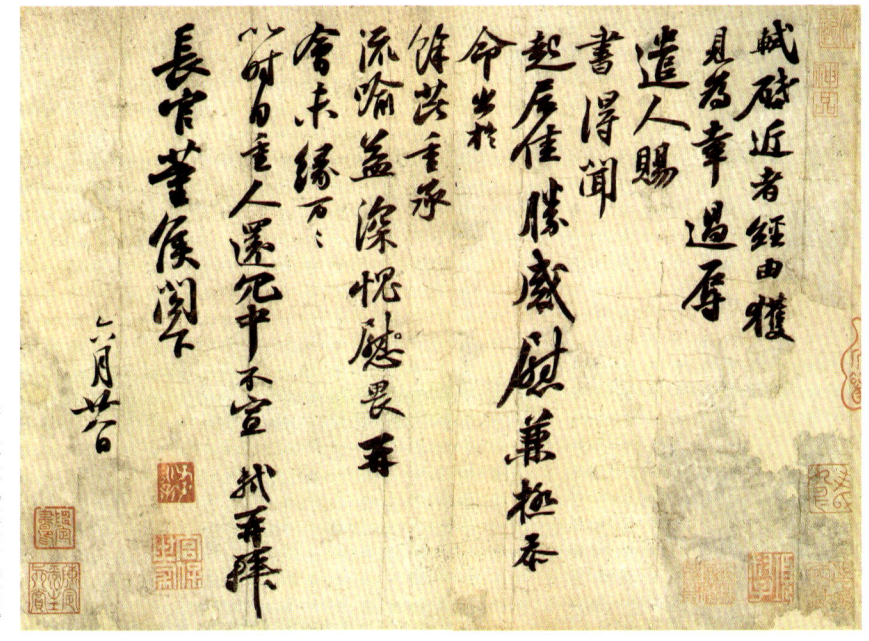

宋·苏轼《致长官董侯》

第五，收藏者们应注意收集各种有关资料进行系统的了解和研究，例如书画报刊、艺术投资书籍、拍卖图录和拍卖成交价格表，只有广泛地收集信息、分析信息，做到胸有成竹，才能把握好出售时机，获得投资收益。在出让书法作品时，应考虑市场状况、行情趋势以及自己的资金周转情况。

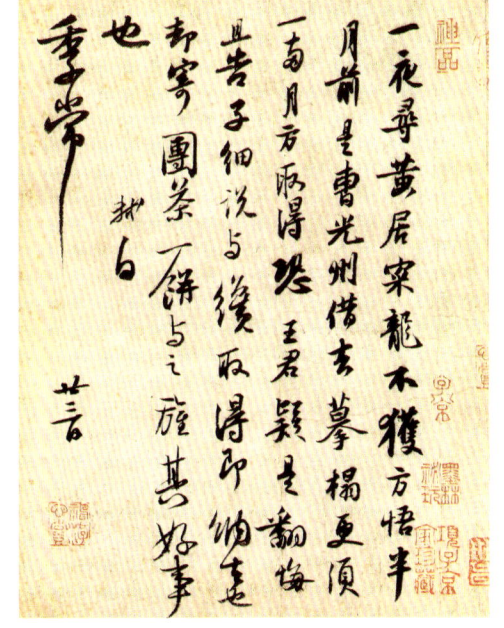

宋·苏轼《致季常》

字画收藏品鉴

精品书法作品赏析

◆ 王羲之

王羲之（303—361年），字逸少，东晋著名书法家，有"书圣"之称。祖籍琅邪（今山东临沂），后迁会稽山阴（今浙江绍兴），晚年隐居剡县金庭。在书法上，他兼善隶、草、楷、行各体，精研体势，心摹手追，广采众长，备精诸体，熔于一炉，摆脱了汉魏笔风，自成一家，影响深远。代表作《兰亭序》，被誉为"天下第一行书"。在书法史上，他与其子王献之并称"二王"。

东晋·王羲之《兰亭序》（唐冯承素摹本）

下篇 求度追韵——书法艺术

东晋·王羲之《黄庭经》(局部)(摹本)

字画收藏品鉴

东晋·王羲之《雨后帖》（摹本）

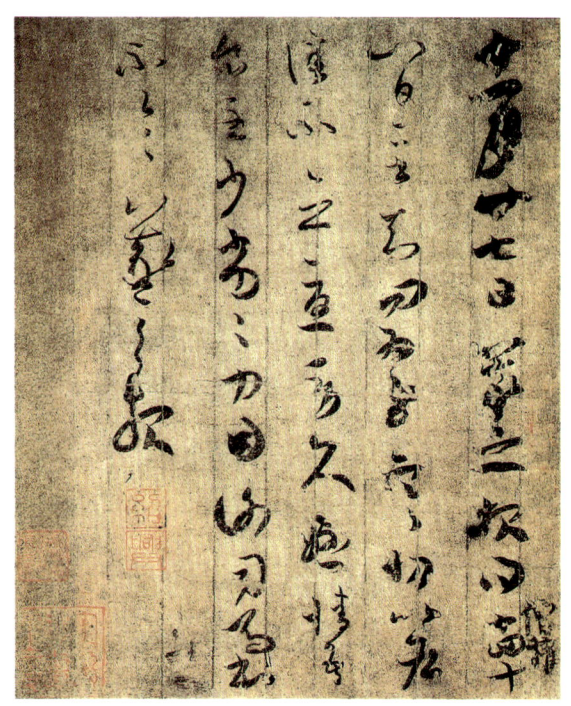

东晋·王羲之《寒切帖》（摹本）

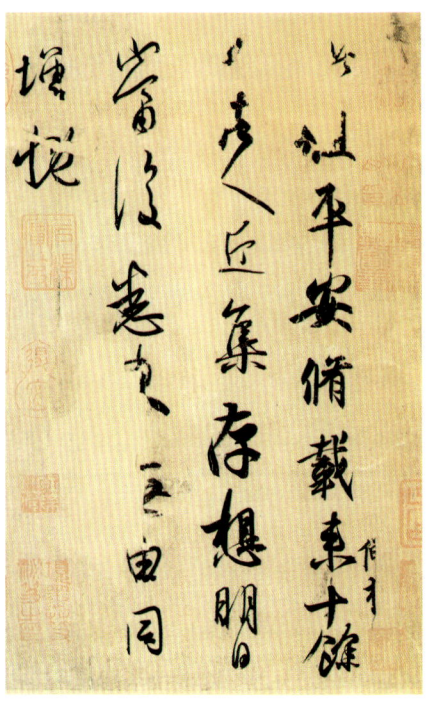

东晋·王羲之《平安帖》（摹本）

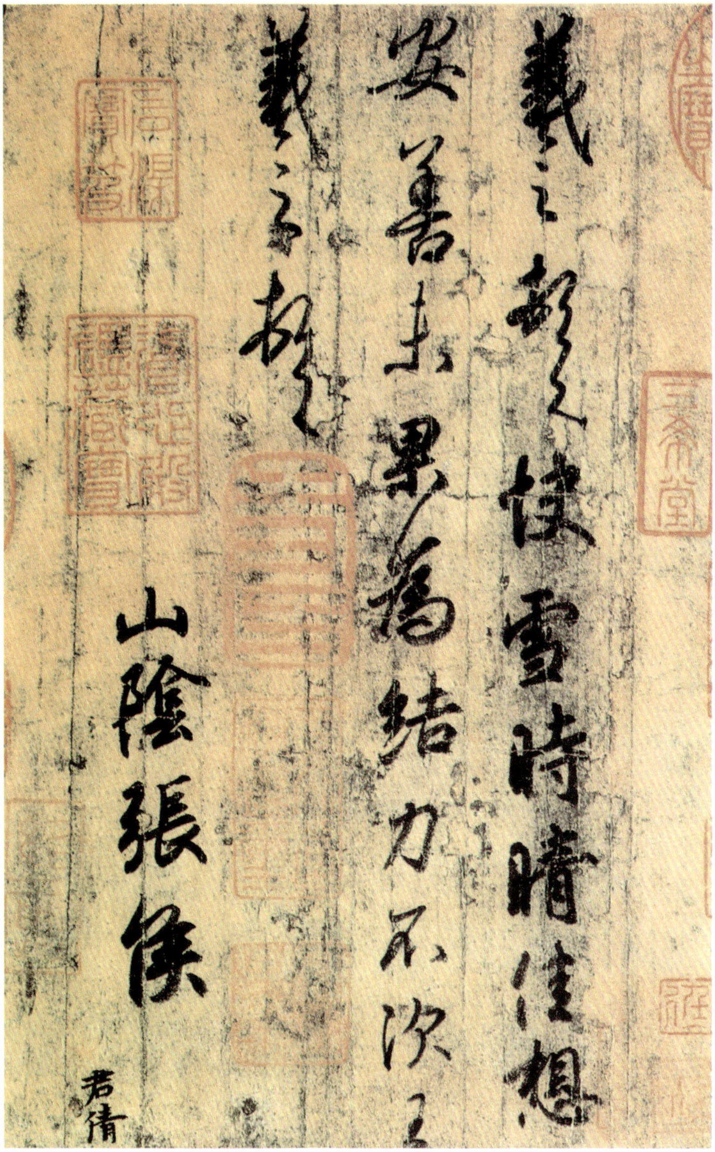

下篇　求度追韵——书法艺术

东晋·王羲之《快雪时晴帖》（摹本）

 **字画收藏品鉴**

◆ 王献之

王献之（344—386年），字子敬，东晋书法家、诗人。祖籍琅邪，生于会稽山阴（今浙江绍兴），王羲之第七子。官至中书令，为与族弟王珉区分，人称王大令。王献之自幼聪明好学，在书法上专工草书、隶书，也擅长绘画。他自小跟随父亲练习书法，胸有大志，后期兼取张芝，别为一体。他以行书和草书闻名，但是楷书和隶书亦有深厚功底。

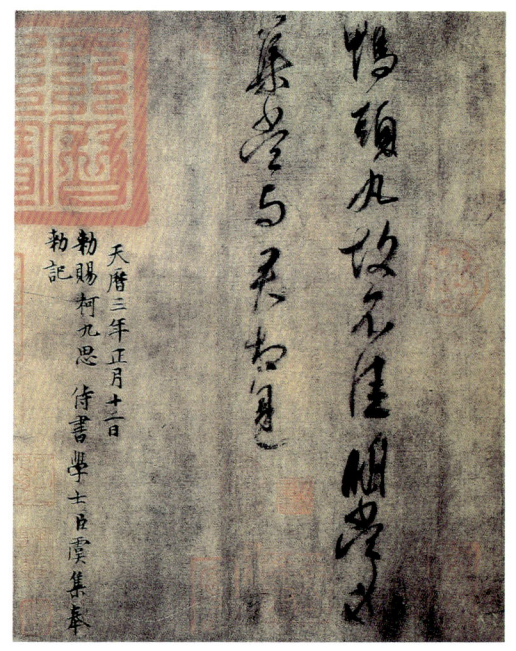

东晋·王献之《鸭头丸帖》（摹本）

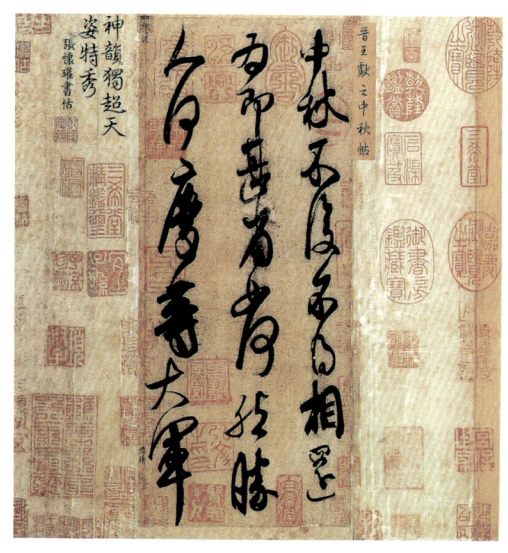

东晋·王献之《中秋帖》（米芾摹本）

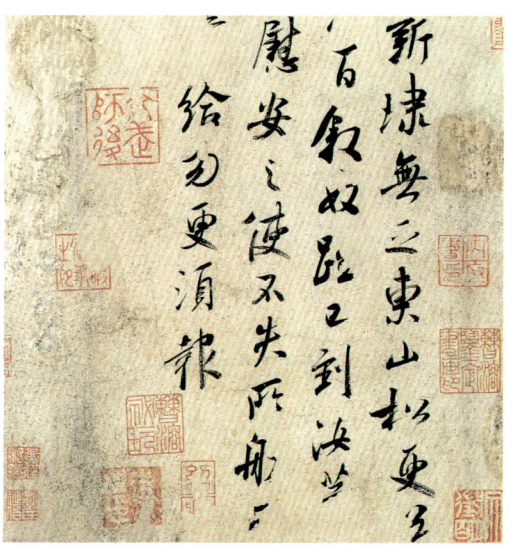

东晋·王献之《东山松帖》（摹本）

下篇 求度追韵——书法艺术

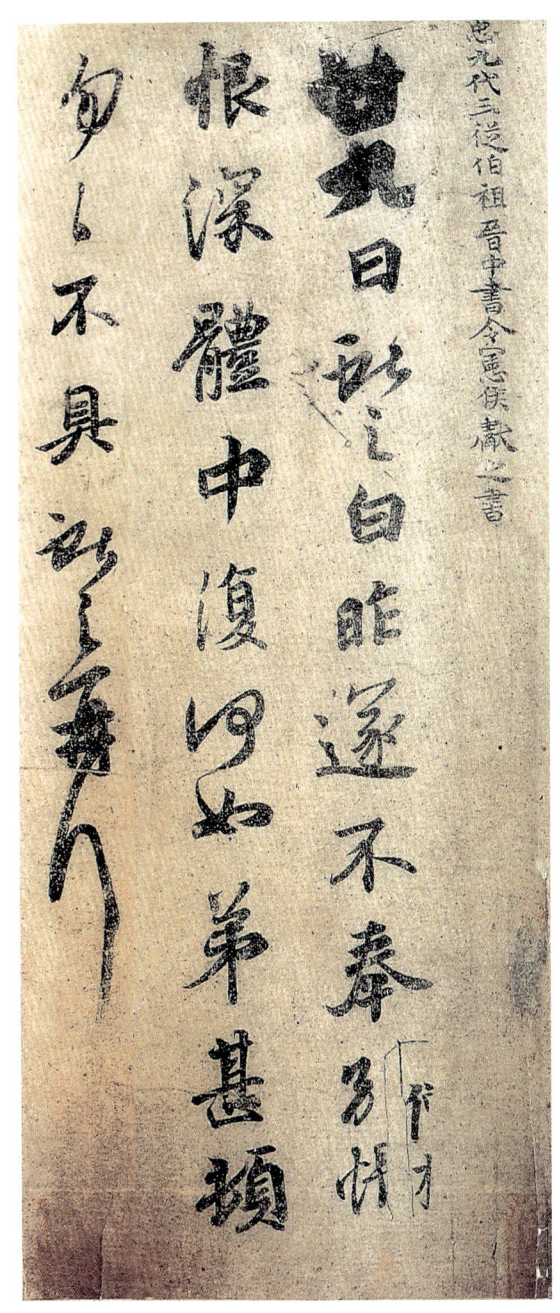

东晋·王献之《廿九日帖》（摹本）

字画收藏品鉴

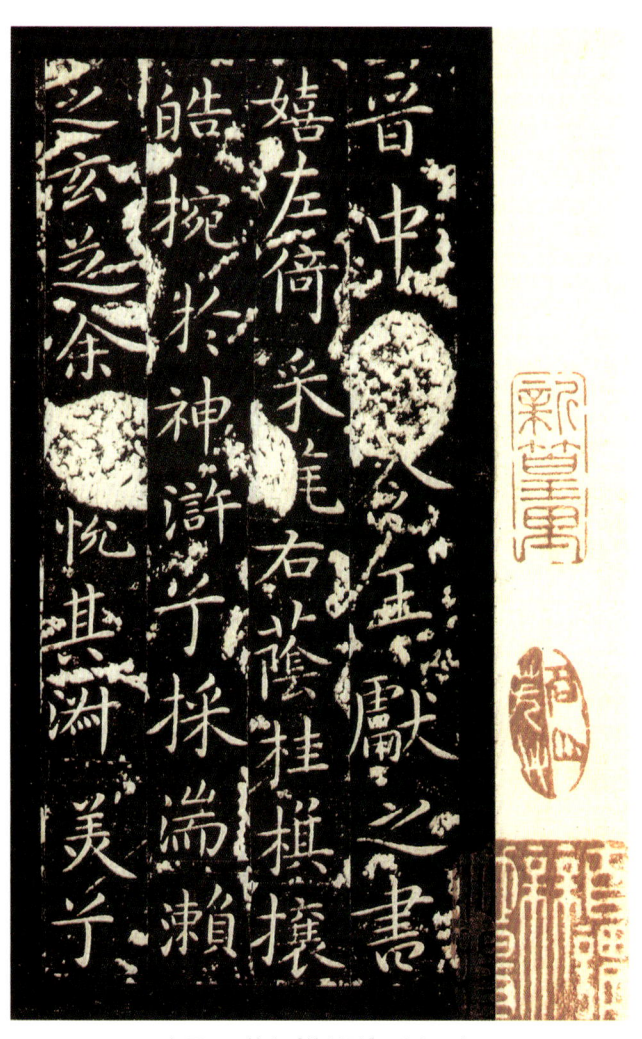

东晋·王献之《洛神赋》（之一）

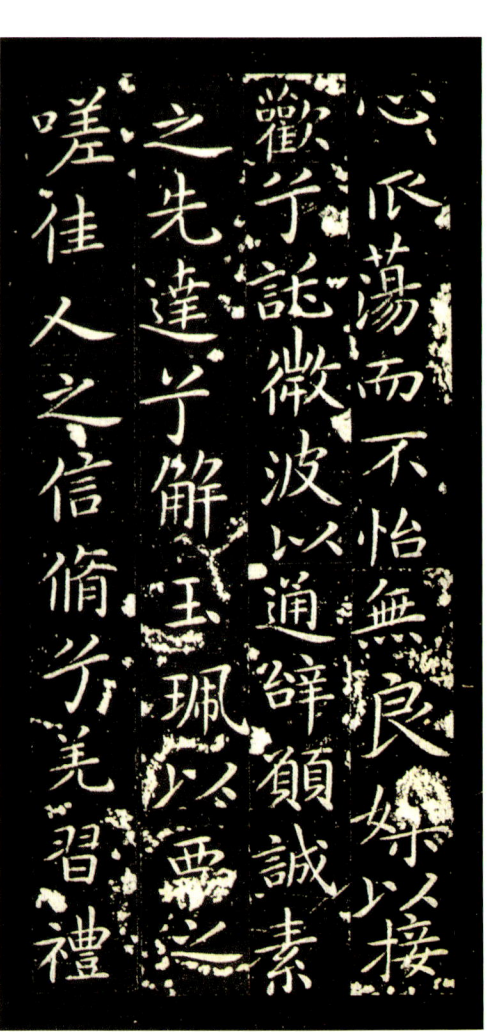

东晋·王献之《洛神赋》（之二）

下篇 求度追韵——书法艺术

◆ 欧阳询

欧阳询（557-641年），字信本，潭州临湘（今湖南长沙）人，为"楷书四大家"之一。欧阳询与同代的虞世南、褚遂良、薛稷三位并称"唐初四大家"。因其子欧阳通亦通善书法，故又称其"大欧"。他与虞世南俱以书法驰名初唐，并称"欧虞"，后人以其书于平正中见险绝，最便初学，号为"欧体"。

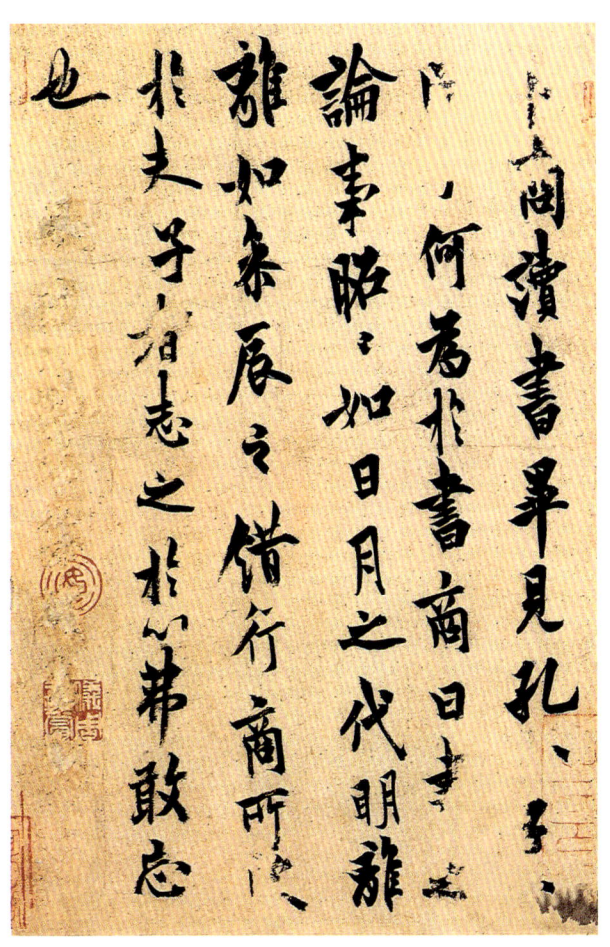

唐·欧阳询《卜商帖》

字画收藏品鉴

唐·欧阳询《尊胜经》（局部）

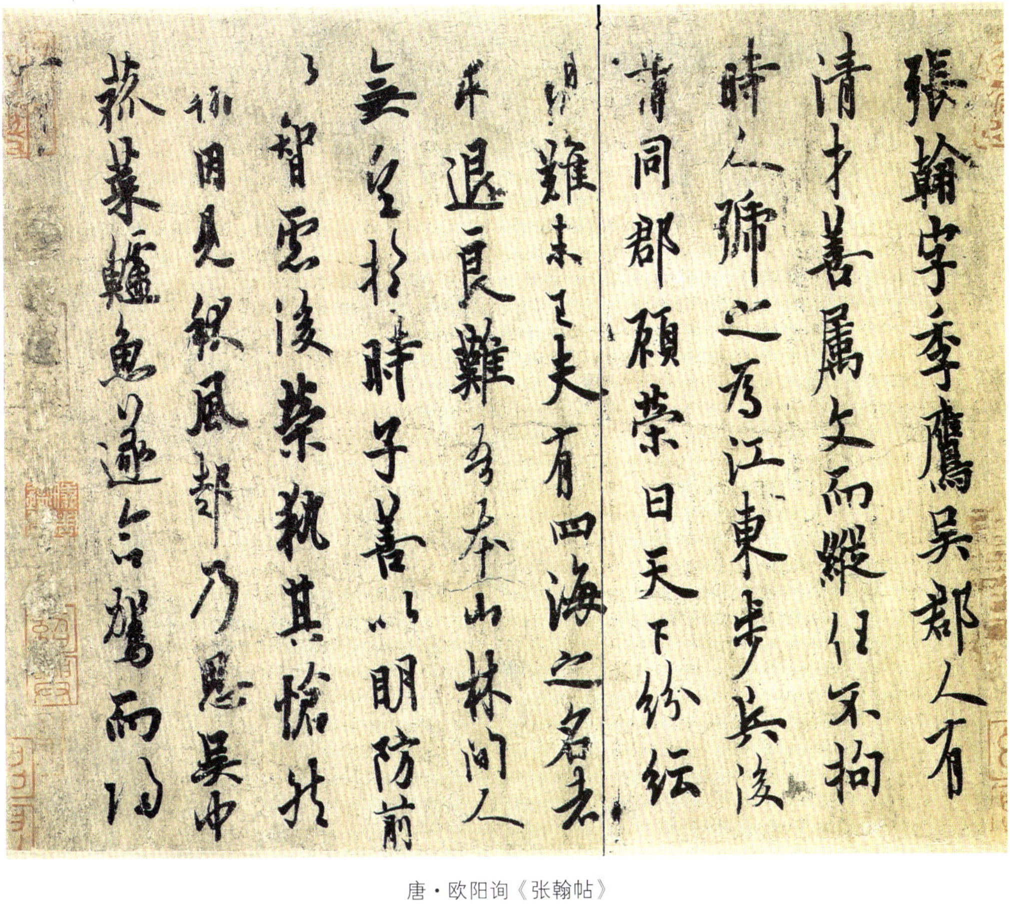
張翰字季鷹吳郡人有
清才善屬文而縱任不拘
時人號之為江東步兵後
謂同郡顧榮曰天下紛紜
禍難未已夫有四海之名者
求退良難吾本山林間人
無望於時子善以明防前
以智慮後榮執其手愴然
翰因見秋風起乃思吳中
菰菜鱸魚遂命駕而歸

唐·欧阳询《张翰帖》

字画收藏品鉴

◆ 张旭

张旭(生卒年不详),字伯高,一字季明,苏州吴县(今江苏苏州)人,唐开元、天宝年间(713—756年)在世,曾任常熟县尉、金吾长史。以草书著名,与李白诗歌、裴旻剑舞并称"三绝"。张旭的书法一方面以继承"二王"传统为本,字字有法,另一方面又效法张芝草书之艺,创造出了潇洒磊落、变幻莫测的狂草,其状惊世骇俗,被后人尊称为"草圣",与怀素齐名。

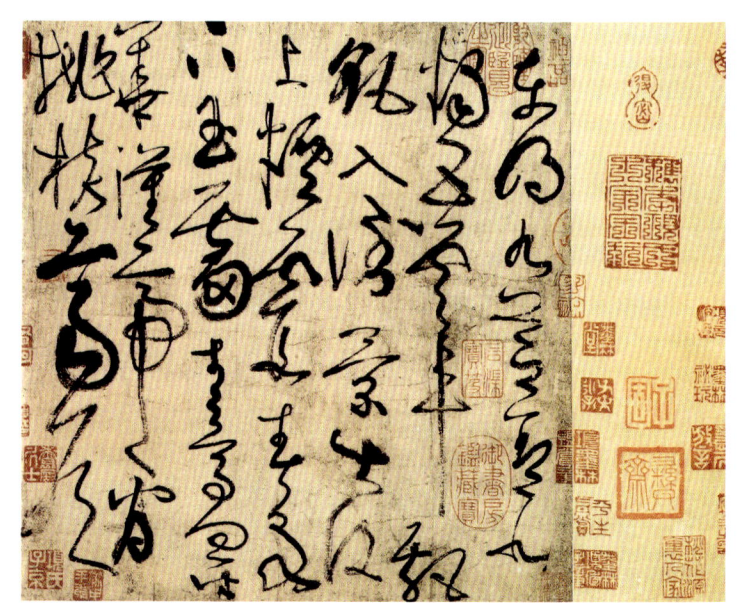

唐·张旭《古诗四帖》(之一)

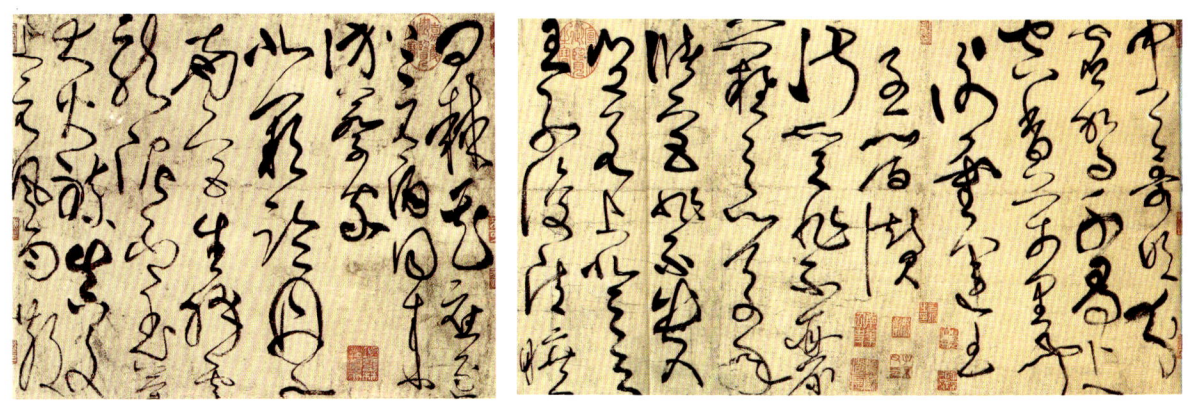

唐·张旭《古诗四帖》(之二、三)

下篇 求度追韵——书法艺术

唐·张旭《草书断千文》（之一）

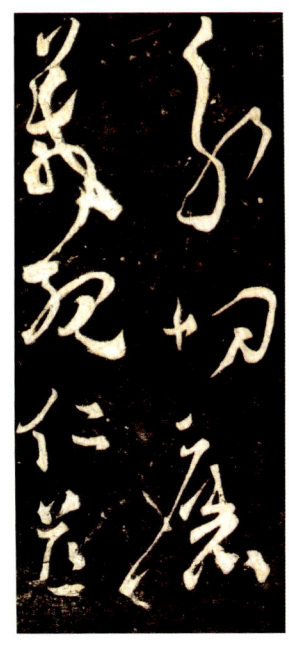

唐·张旭《草书断千文》（之二）

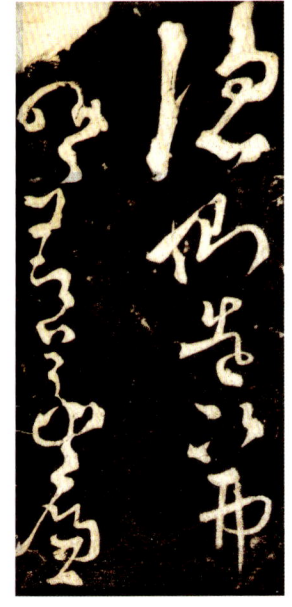

唐·张旭《草书断千文》（之三）

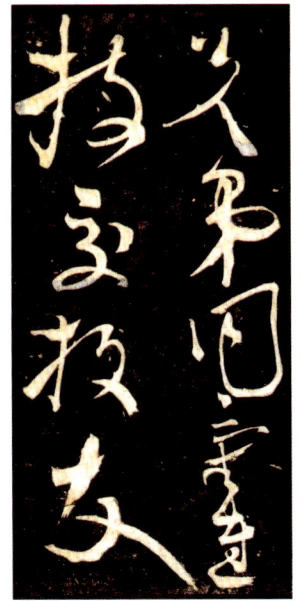

唐·张旭《草书断千文》（之四）

字画收藏品鉴

◆ 颜真卿

颜真卿（709—784年），字清臣，京兆万年（今陕西西安）人，祖籍琅邪临沂（今山东临沂），唐代著名政治家、书法家。颜真卿创立"颜体"，与赵孟頫、柳公权、欧阳询并称"楷书四大家"。又与柳公权并称"颜柳"。

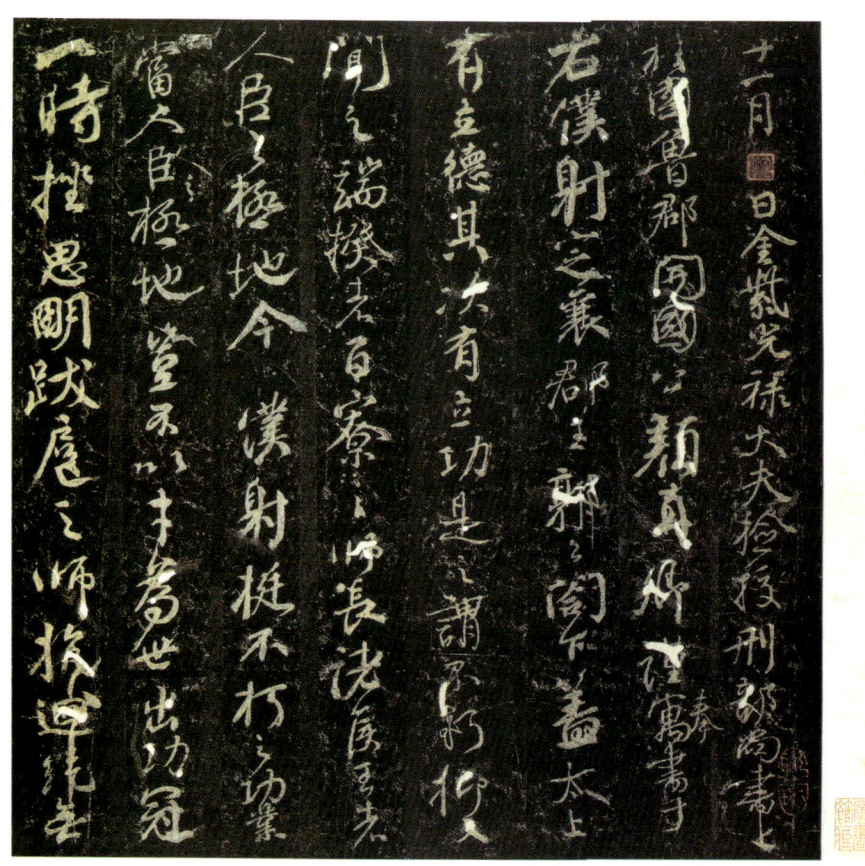

唐·颜真卿《争坐位帖》（局部）

下篇　求度追韵——书法艺术

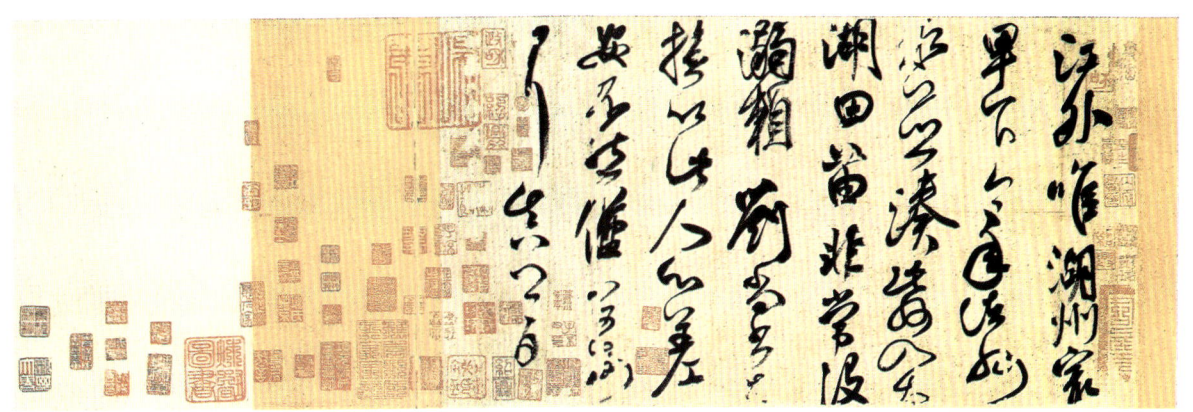

唐·颜真卿《湖州帖》

唐·颜真卿《送裴将军诗》（局部）

  字画收藏品鉴

唐·颜真卿《竹山堂连句》（之一）

唐·颜真卿《竹山堂连句》（之二）

下篇 求度追韵——书法艺术

◆ 怀素

怀素（725—785年），字藏真，僧名怀素，俗姓钱，长沙（今属湖南）人。幼年好佛，出家为僧。他是书法史上领一代风骚的草书家，其草书被称为"狂草"，用笔圆劲有力，使转如环，奔放流畅，一气呵成，与唐代另一草书家张旭齐名，人称"张颠素狂"或"颠张醉素"。

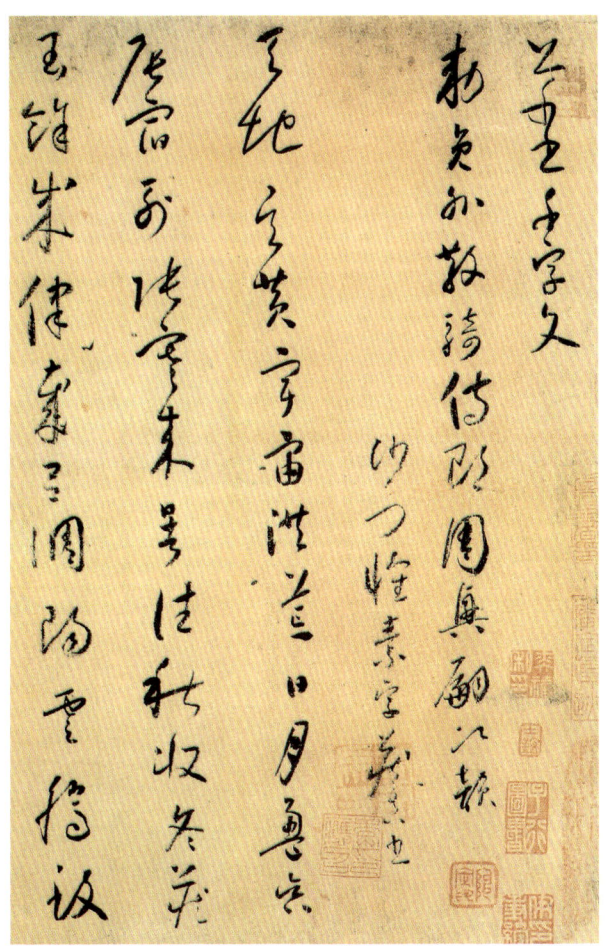

唐·怀素《小草千字文》

 **字画收藏品鉴**

唐·怀素《狂草千字文》

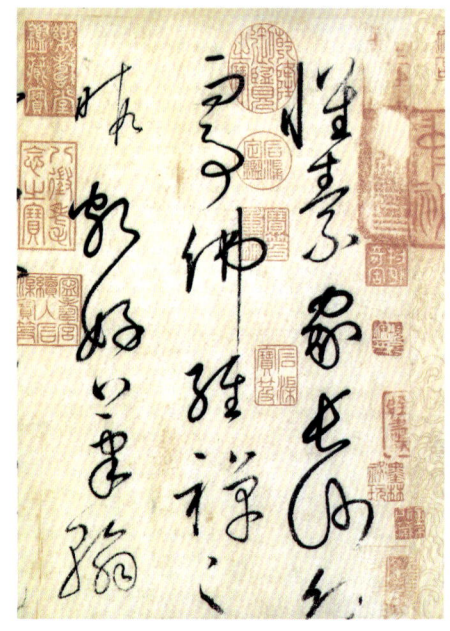

唐·怀素《自叙帖》（之一）

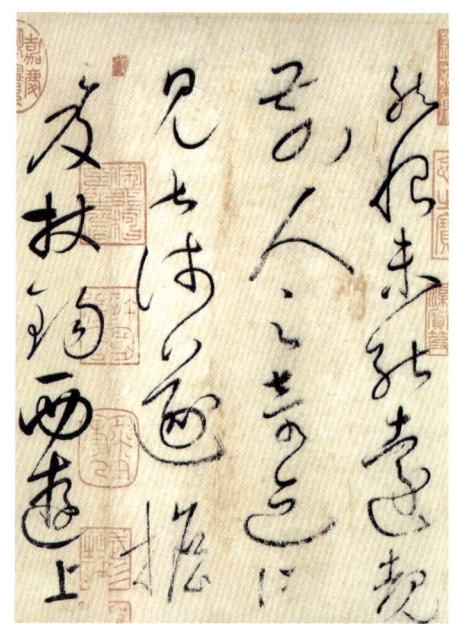

唐·怀素《自叙帖》（之二）

◆ 蔡襄

蔡襄（1012—1067年），字君谟，北宋著名书法家、政治家、茶学专家，权相蔡京的从兄。蔡襄为人忠厚、正直，讲究信义，且学识渊博，书艺高深，书法史上论及宋代书法，素有"苏、黄、米、蔡""宋四家"的说法。其书法浑厚端庄，淳淡婉美，自成一体。其书法备受时人推崇，极负盛誉，最推崇他书艺的人数苏东坡、欧阳修。

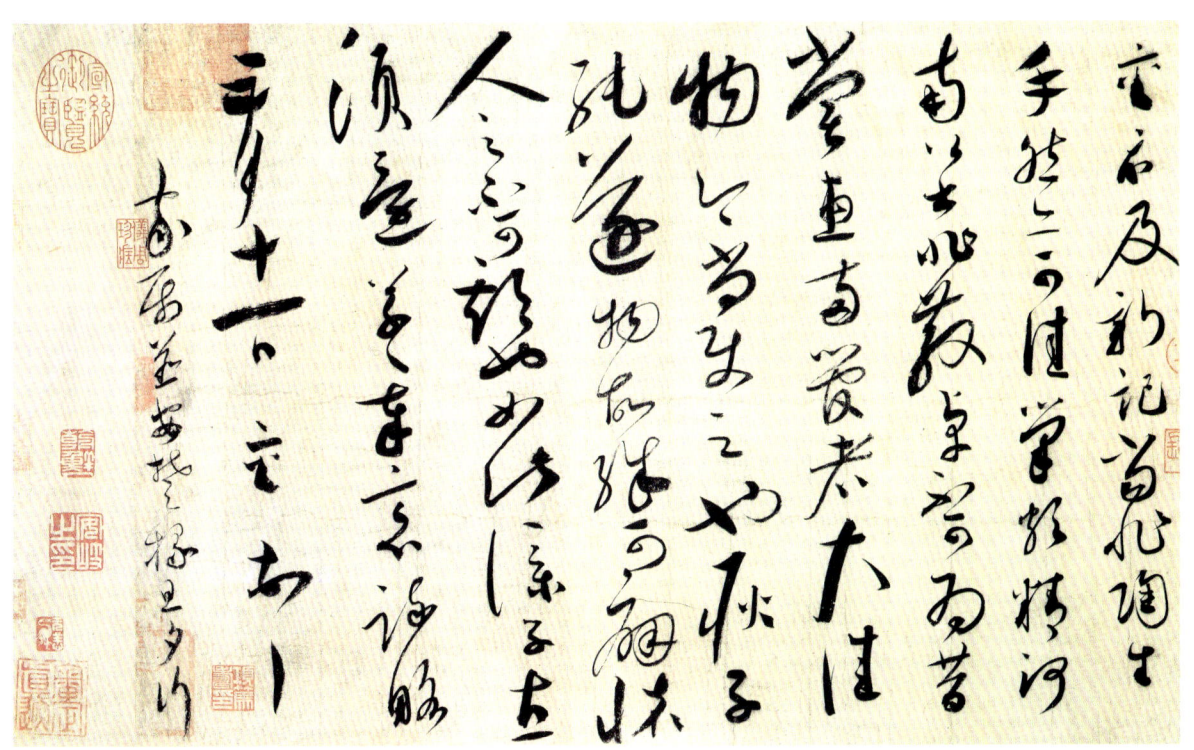

北宋·蔡襄《陶生帖》

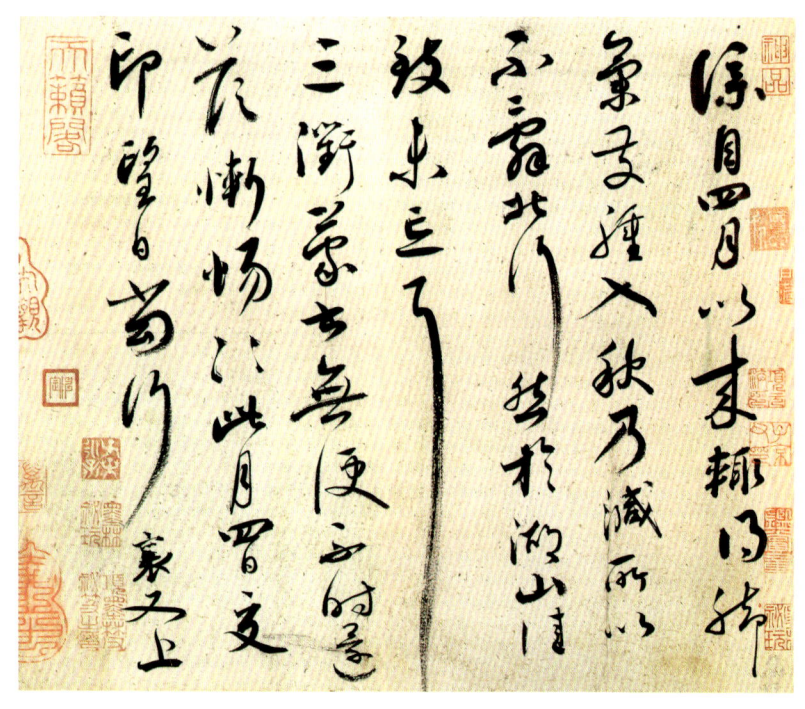

北宋·蔡襄《脚气帖》

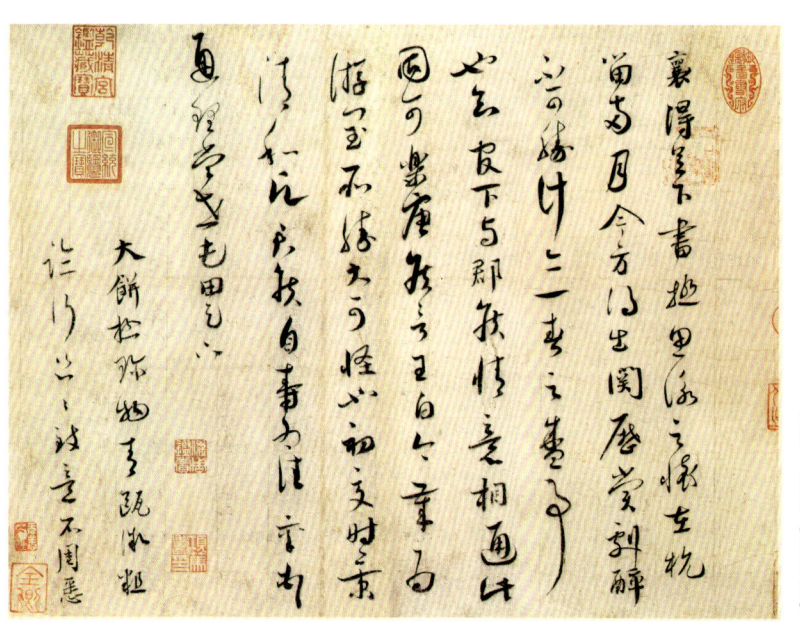

北宋·蔡襄《思咏帖》

下篇　求度追韵——书法艺术

北宋·蔡襄《离都帖》

北宋·蔡襄《致郎中》

北宋·蔡襄《致安道侍郎》

北宋·蔡襄《致彦猷侍读》

下篇　求度追韵——书法艺术

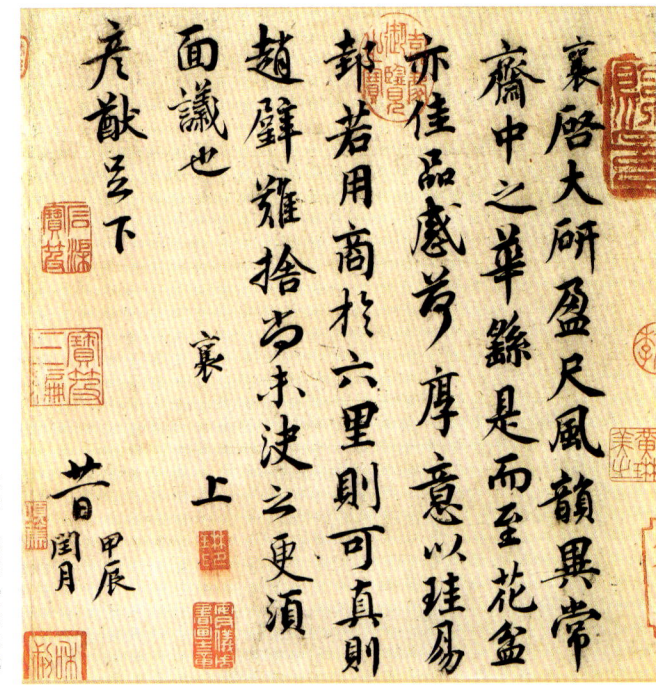

北宋·蔡襄《致彦猷》

北宋·蔡襄《致公谨》

◆ 苏轼

苏轼（1037—1101年），字子瞻，又字和仲，号东坡居士，眉州眉山（今四川眉山）人，北宋著名文学家、画家、书法家。苏轼擅长行书、楷书，与黄庭坚、米芾、蔡襄并称"宋四家"。他曾经遍学晋、唐、五代的各名家之长，再将王僧虔、徐浩、李邕、颜真卿、杨凝式等名家的创作风格融会贯通后自成一家。

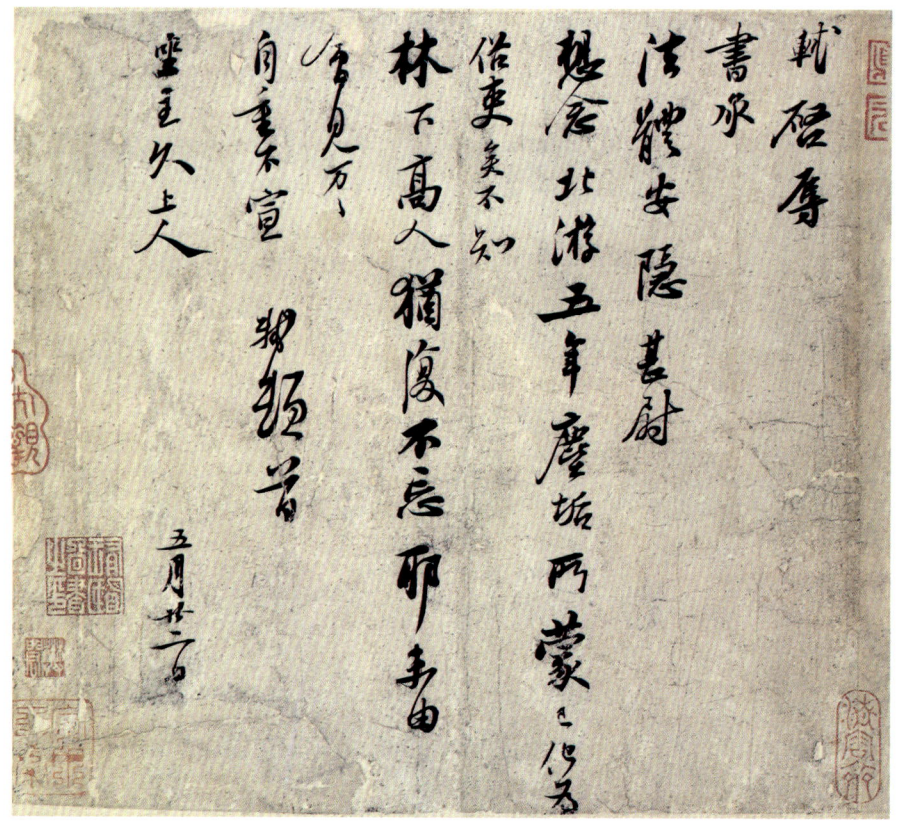

宋·苏轼《致坐主久上人》

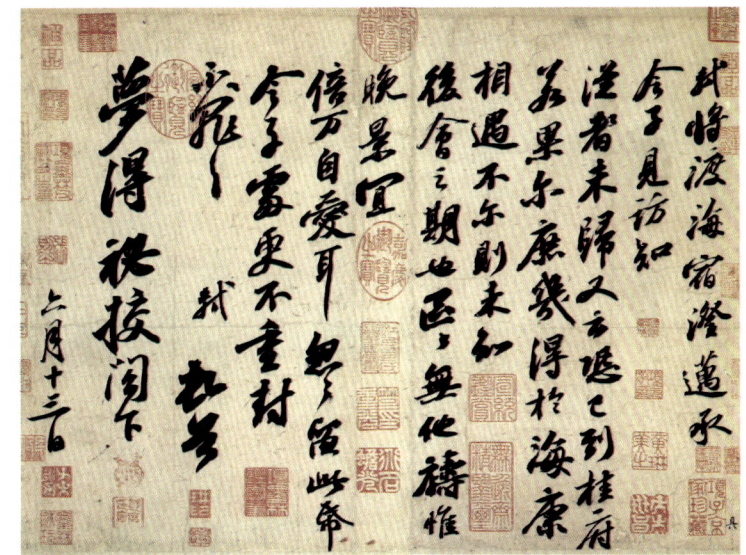

宋·苏轼《致梦得秘校》

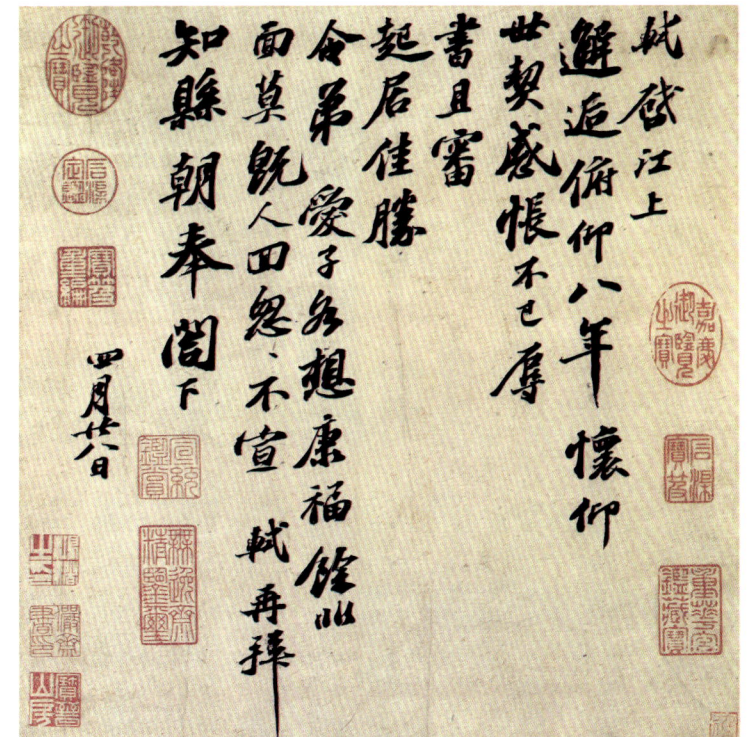

宋·苏轼《致知县朝奉》

◆ 黄庭坚

黄庭坚（1045—1105 年），字鲁直，号山谷道人，晚号涪翁，洪州分宁（今江西修水）人，为盛极一时的"江西诗派"开山鼻祖，北宋著名的文学家、书法家。他跟杜甫、陈师道和陈与义素有"一祖三宗"（黄庭坚为其中一宗）之称，生前与苏轼齐名，世称"苏黄"，著有《山谷词》，且黄庭坚书法亦能树格，为"宋四家"之一。

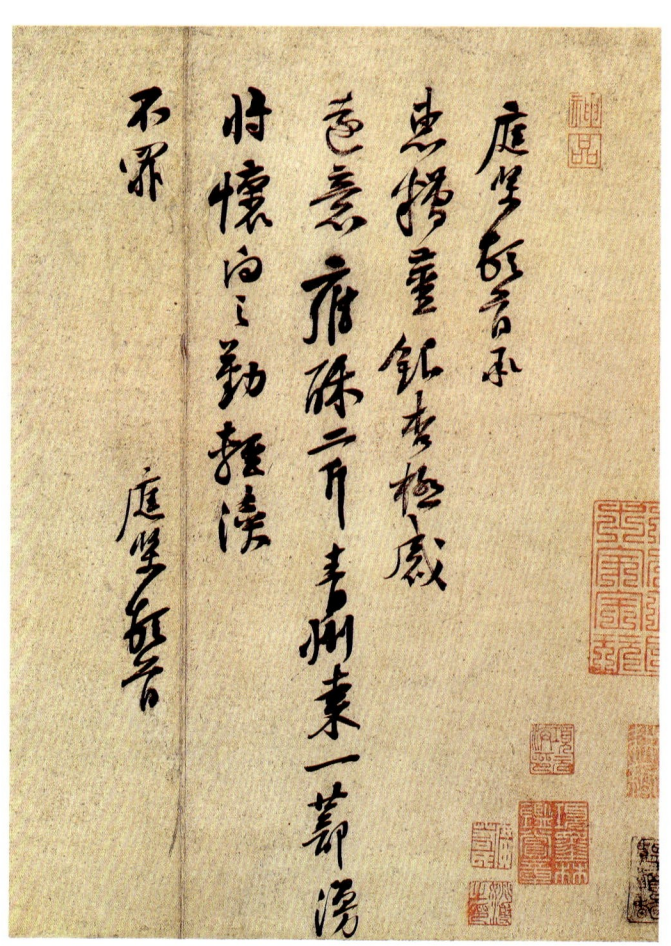

宋·黄庭坚《远意帖》

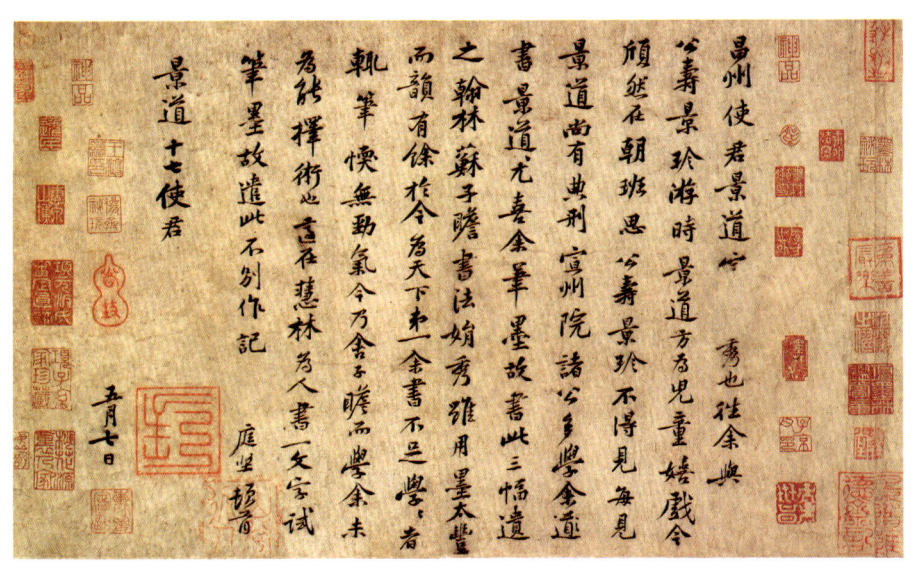

宋·黄庭坚《致景道十七使君》

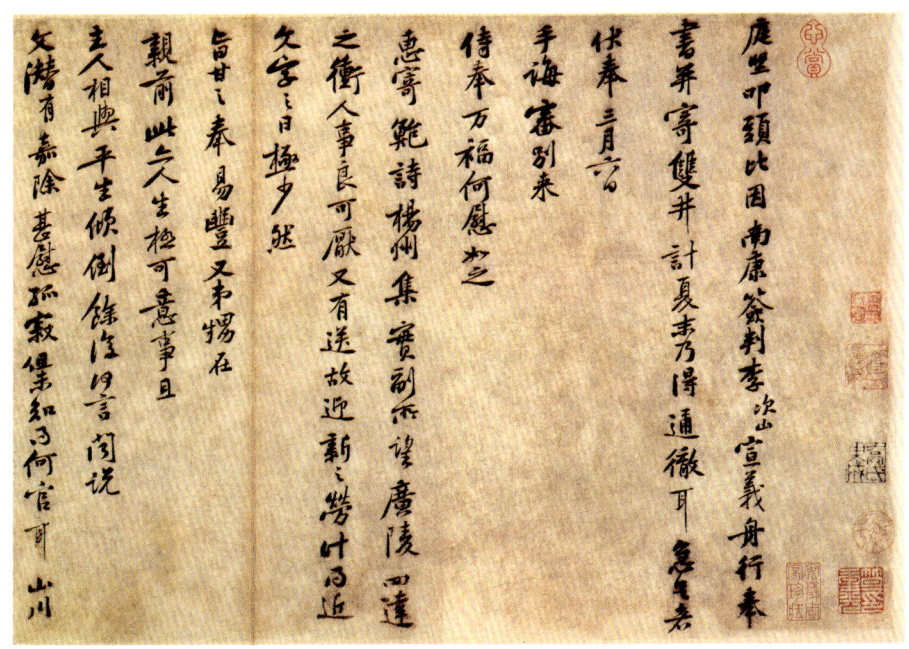

宋·黄庭坚《致无咎通判学士》（局部）

 字画收藏品鉴

宋·黄庭坚《致公言通直》

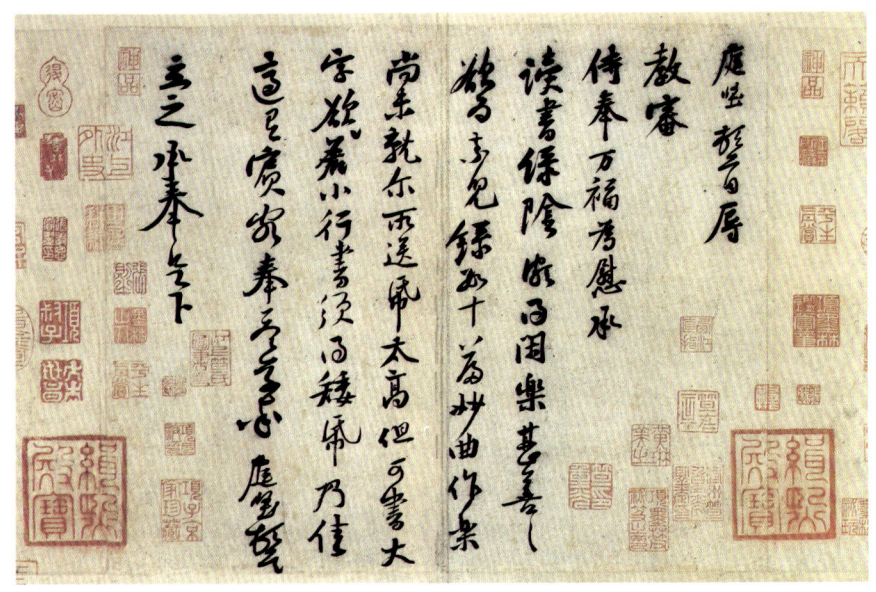

宋·黄庭坚《致立之承奉》

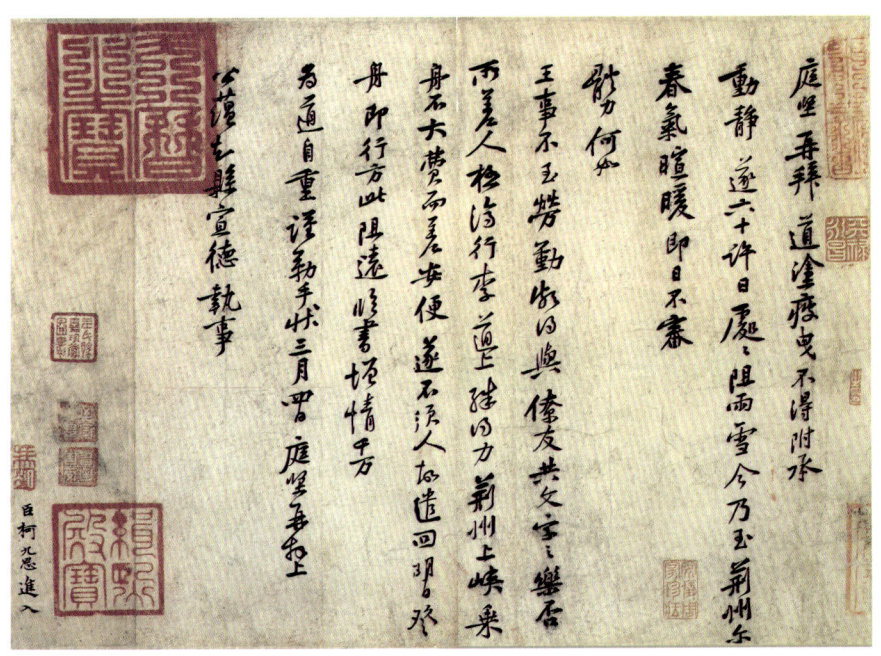

宋·黄庭坚《荆州帖（致公蕴知县宣德）》

字画收藏品鉴

◆ 赵孟頫

赵孟頫（1254—1322年），字子昂，号松雪、松雪道人，湖州（今属浙江）人，元代著名书法家、画家。他博览群书、见识广博，懂经济，工书法，精绘画，擅金石，通律吕，解鉴赏。在书法方面，他善篆、隶、行、草、楷书，尤以楷、行书著称于世，创"赵体"，著有《松雪斋集》等，与欧阳询、颜真卿、柳公权并称"楷书四大家"。

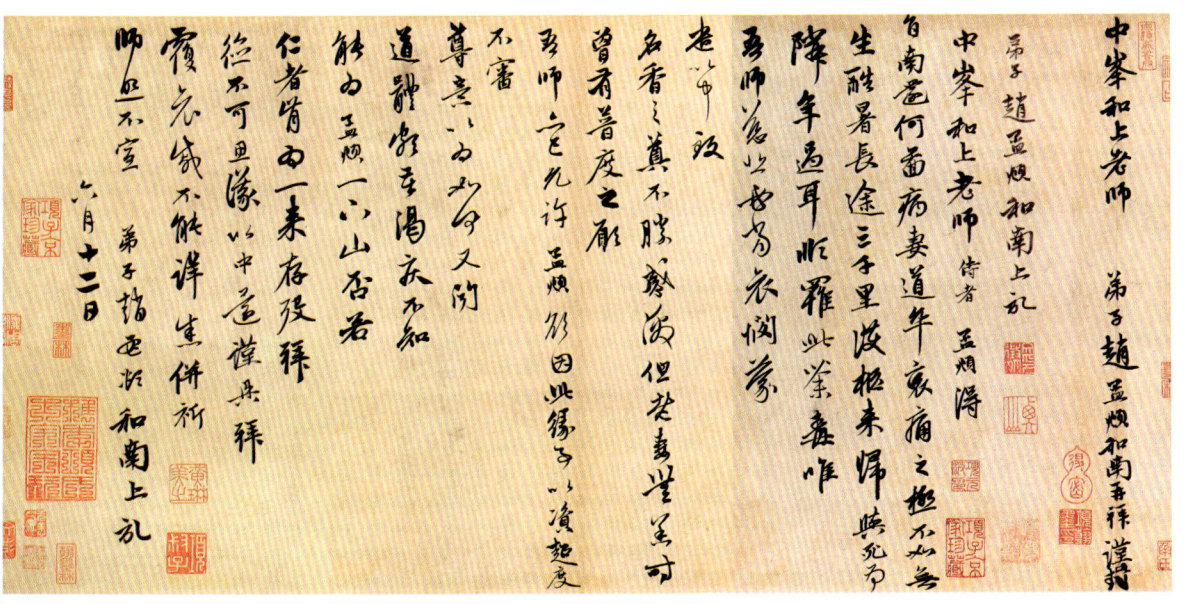

元·赵孟頫《南还帖》

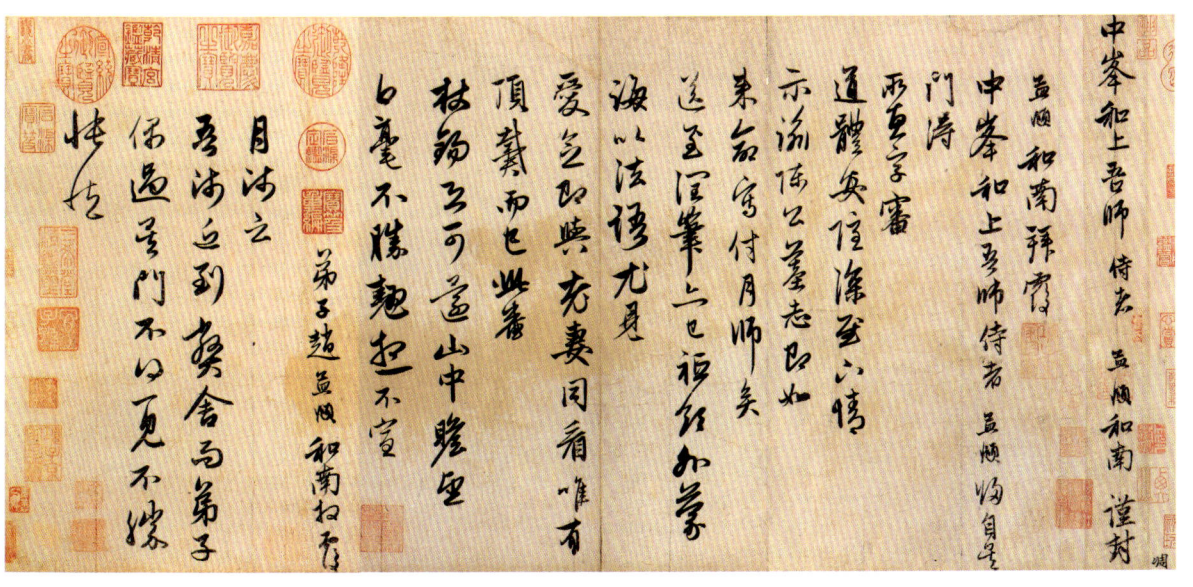

元·赵孟頫《吴门帖》

字画收藏品鉴

元·赵孟頫《付至纸素帖》

元·赵孟頫《疮痍帖》（局部）

◆ 祝允明

祝允明（1460—1526年），字希哲，号枝山，因右手有六指，自号枝指生和枝山，又署枝山老樵、枝指山人等，长洲（今江苏苏州）人，明代书法家、文学家。他学识渊博，能诗文，工书法，特别是其狂草颇受世人赞誉，流传有"唐伯虎的画，祝枝山的字"之说。祝枝山所书写的《六体书诗赋卷》《草书杜甫诗卷》《古诗十九首》《草书唐人诗卷》《草书诗翰卷》等都是传世墨迹精品。

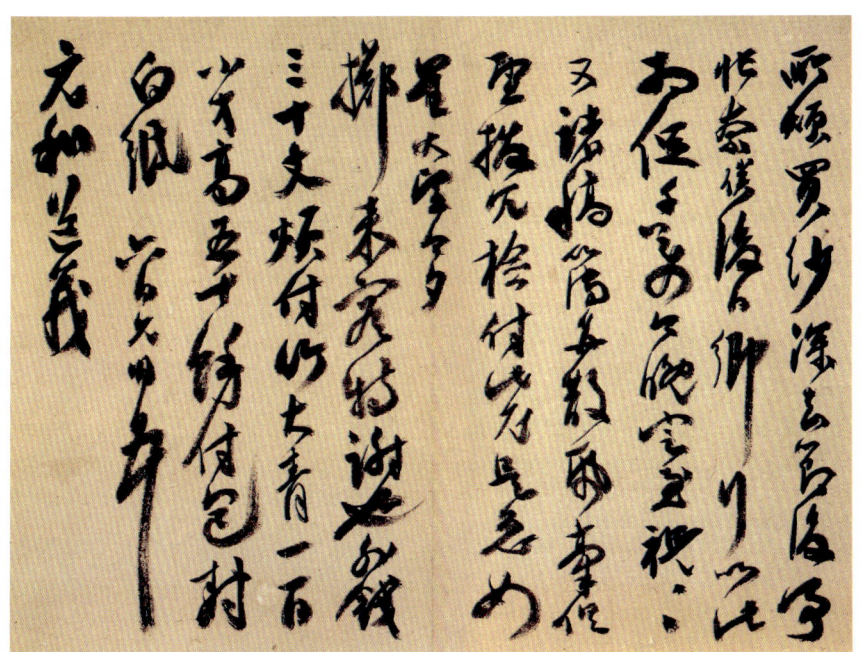

明·祝允明《致元和道茂》

 **字画收藏品鉴**

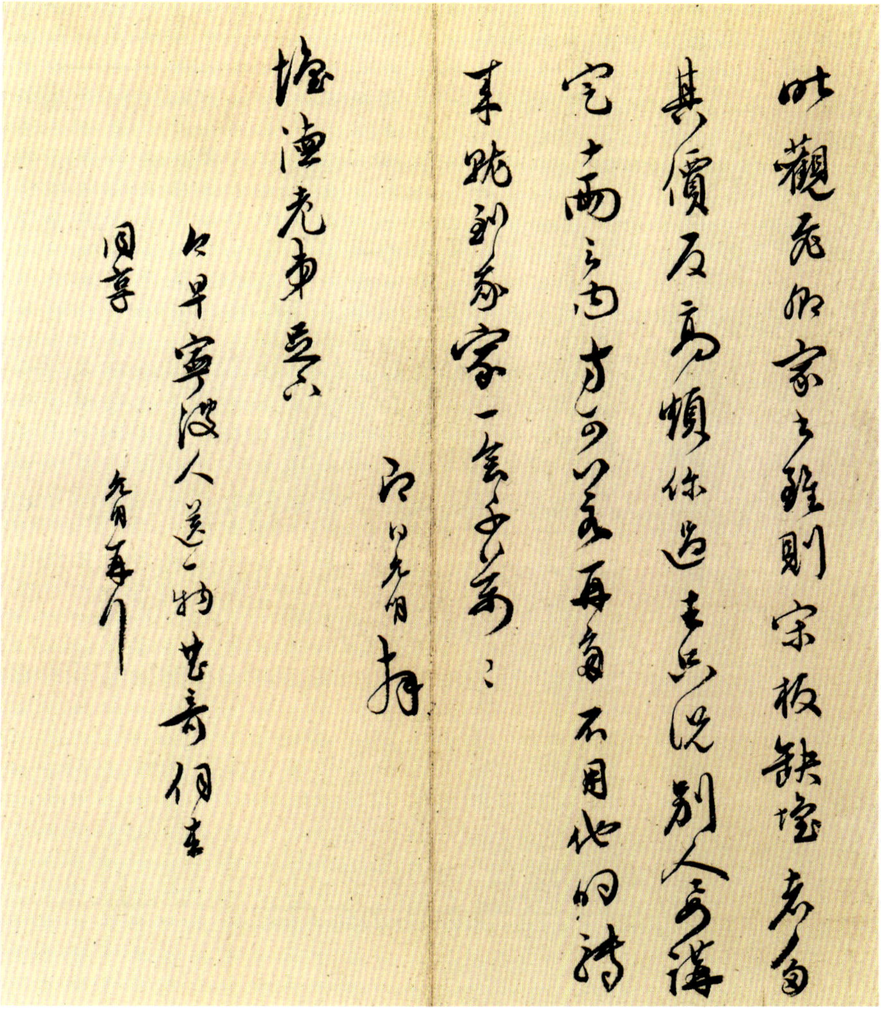

明·祝允明《致怀德老弟》

◆ 傅山

傅山（1607—1684年），初名鼎臣，字青竹，改字青主，又有真山、浊翁、石道人等别名，山西阳曲人，明清之际思想家、书法家。他是著名的学者，哲学、医学、儒学、佛学、诗歌、书法、绘画、金石、武术、考据等无所不通。与顾炎武、黄宗羲、王夫之、李颙、颜元一起被梁启超称为"清初六大师"。

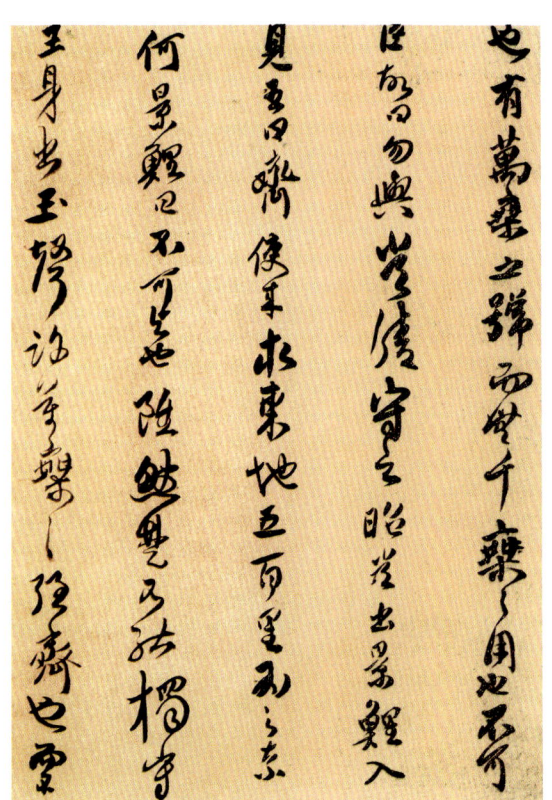

明末清初·傅山《战国策册》

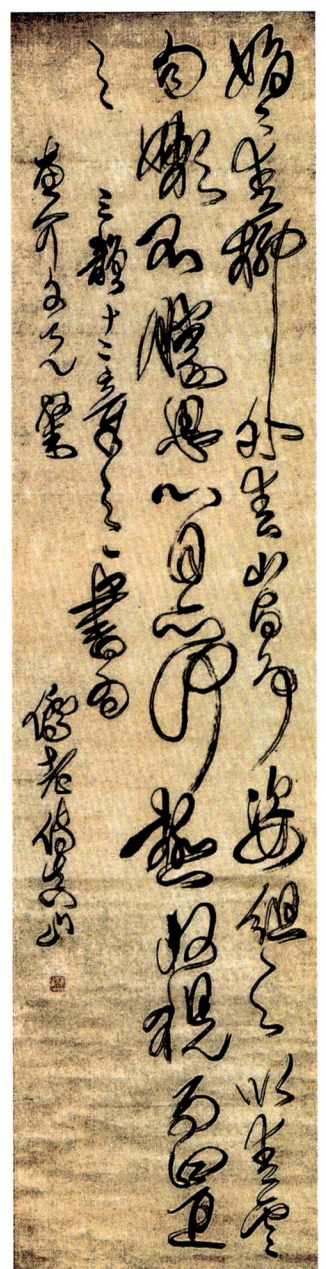

明末清初·傅山《草书五古轴》

字画收藏品鉴

近代·张大千《行书七言联》

◆ **张大千**

张大千（1899—1983年），四川内江人，祖籍广东番禺，中国著名画家、书法家。20世纪50年代，张大千游历世界，获得极高的国际声誉，被西方艺坛赞为"东方之笔"。由于张大千以画名行世，其独具风格的书法艺术容易被人忽视。早期师从清代晚期的著名书法家李瑞清、曾熙，20世纪30年代以后，张大千的书法开始酝酿变化，他转学多师，学习魏碑，也学习唐宋名家，逐渐形成了自己的风格。张大千擅长行草书，雄强中含秀逸之气，注重力与感情的融合，平中求奇，劲拔飘逸。

下篇 求度追韵——书法艺术

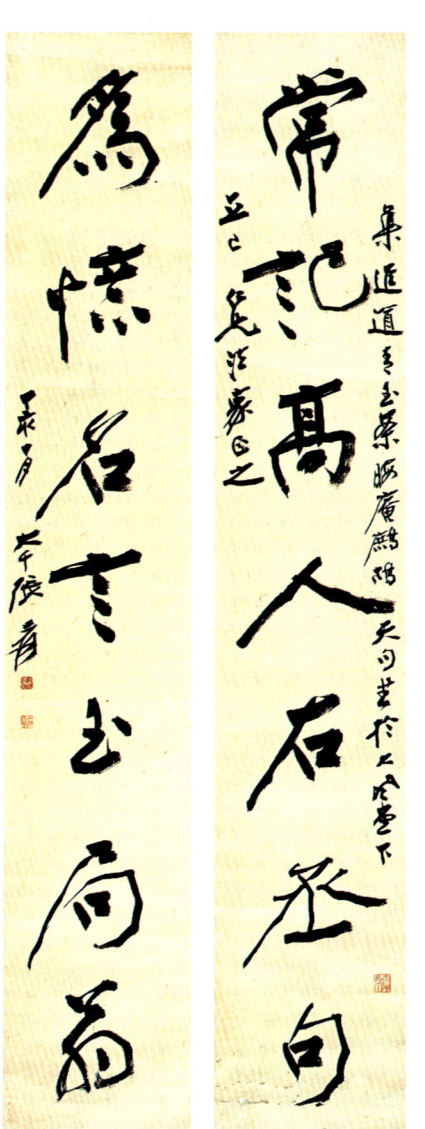

近代·张大千《行书七言联》

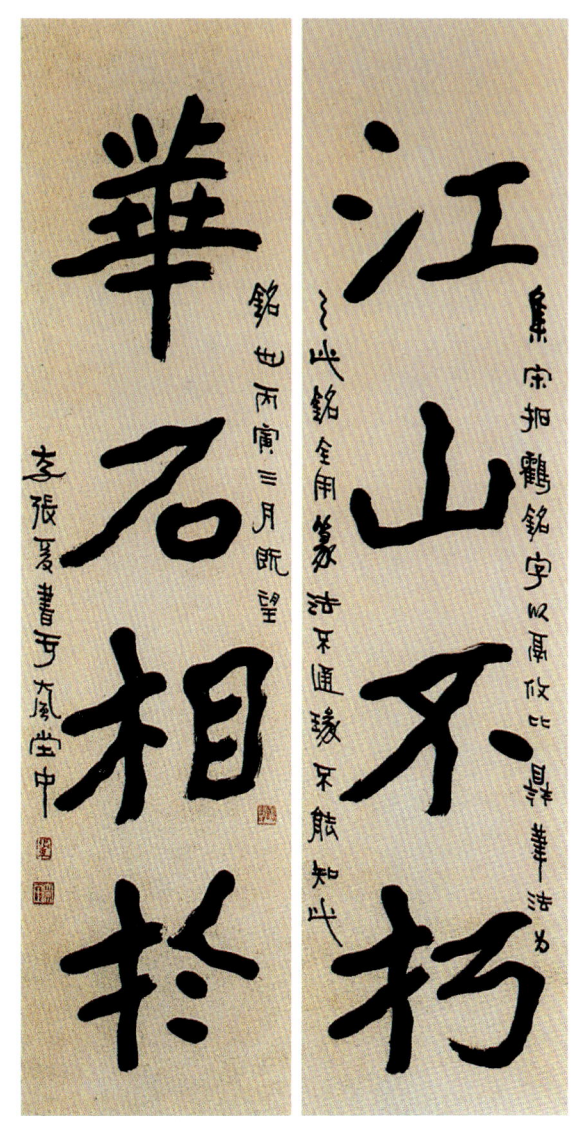

近代·张大千《隶书四言联》

字画收藏品鉴

◆ 郭沫若

郭沫若（1892—1978年），四川省乐山县铜河沙湾人，毕业于日本九州帝国大学，现代文学家、历史学家，新诗奠基人之一。郭沫若是20世纪的文化巨人，他在历史学、考古学、古文字学、古器物学、文学、艺术等若干领域都有很高的造诣。在书法艺术上，郭沫若以"回锋转向，逆入平出"为学书执笔的"八字要诀"。其书体既重师承，又不忽视创新，被世人誉为"郭体"。郭沫若擅长行草，笔力爽劲洒脱，运转变通，韵味无穷；其楷书作品虽然留存不多，却尤见功力，气贯笔端，形神兼备。

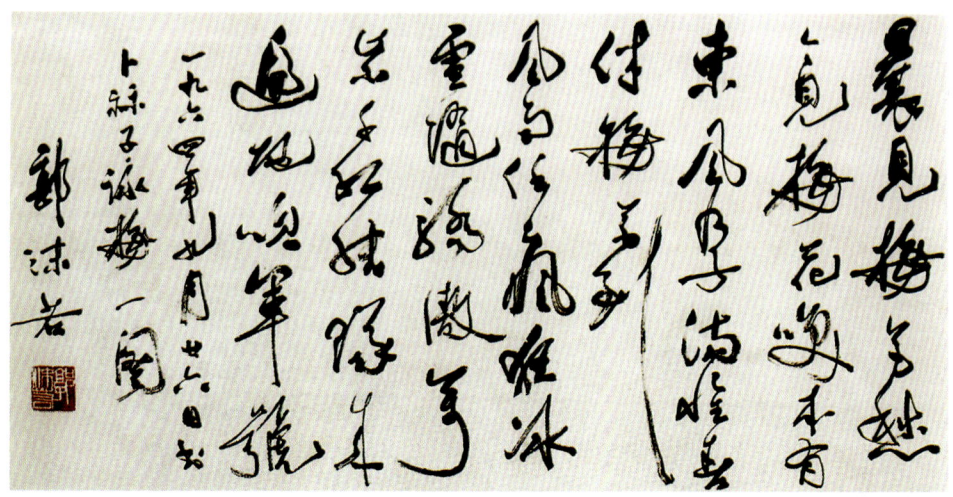

现代·郭沫若《卜算子》

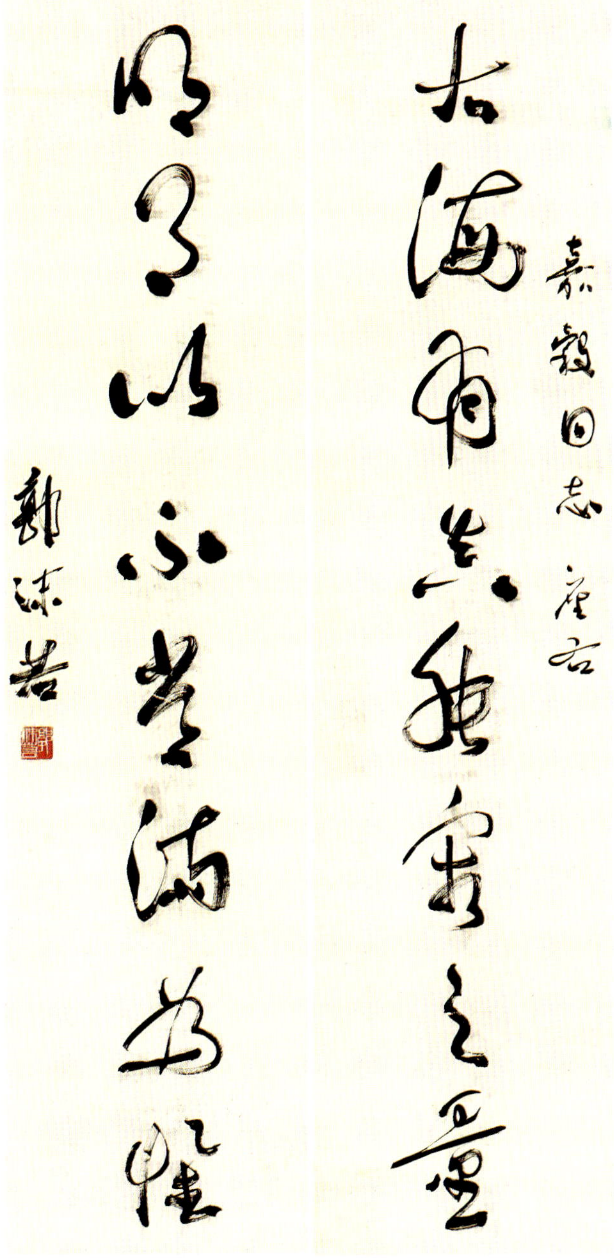

下篇 求度追韵——书法艺术

现代·郭沫若《草书八言联》

 **字画收藏品鉴**

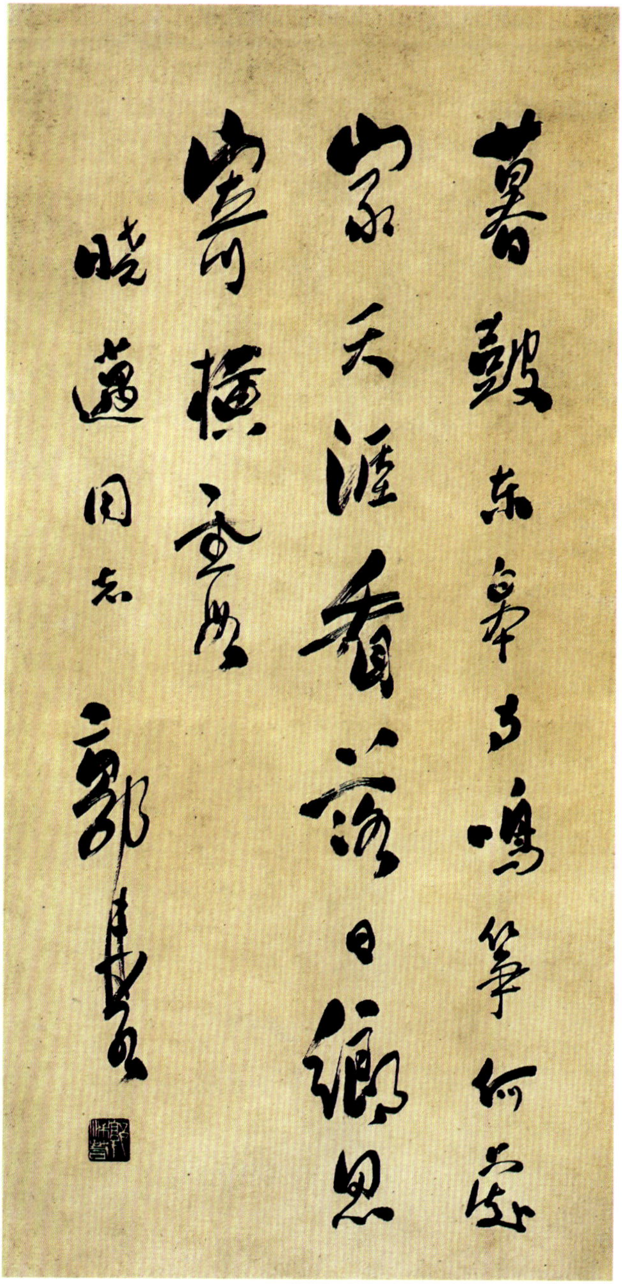

现代·郭沫若《行书五言诗》

附录　书画鉴定术语

书画地子：指书写与绘画时所用的纸或绢等材质，俗称地子。

麦黄色：说明绘画地子颜色正，好看，为绢本画中保存得最好的颜色。形容绢本画时一般以麦黄、深麦黄、浅麦黄来描述它的颜色。

包浆亮：画心和覆背纸由于年代较久，长期互相摩擦而产生一种亮光，很漂亮，叫包浆亮。包浆也是鉴定字画时判断其是不是旧东西的凭据之一。

伤了：书画地子由于虫蛀、雨湿或年久磨损而受到损伤，俗称"地子伤了"。

倭了：书画因保管不善或因看画人不慎将画弄损了，导致纸或绢面组织留有倭痕，但绢或地子没有折断，俗称"地子倭了"。

折了：因保管不善而倭其绢，纸也连带被折断了，俗称"地子折了"。

黑了：书画地子由于烟熏或其他原因，变黑变暗，画面有些看不清楚，俗称"地子黑了"。

漂了：为了让旧字画的地子变得漂亮洁白，有人将之用漂粉漂洗，当时很好看，过不了几年地子就会变灰或发黑，俗称"地子漂了"。

刹了：粗绢地在作画时要垫上一层命纸，年久修裱时把命纸揭掉，留下了本绢，地子因色墨脱落而伤神，俗称"刹了"。

尅了：由于卷画不紧或受潮，使地子或装潢脱裂分离，俗称"尅了"。

返铅：设色加粉的颜色或画人物脸部用粉，因年久受潮而出现一种黑斑，俗称"返铅"。

虫蛀：书画地子遭虫子咬。

马蜂吃：书画地子被马蜂吃去了纸浆绢地，但没有吃透画地子，叫"马蜂吃"。蠹鱼蚀伤画面通常也称"马蜂吃"。

潮湿：指画地子因受潮或受湿出现一个黄或黑圈圈，俗称"地子潮湿"。

老充头：指老假货而言，因造假较久，使人难辨真伪，又称"老刀"。

虎相货：装潢很考究，既有匣子又有包袱，外表看上去像是真货，实际上里面装的是假货。

字画收藏品鉴

亲家货：原是两件真品，后人把这两件东西拼凑成一件东西，或者将两个人的一书一画，且本不相干的勉强凑在一起，称"亲家货"。

刀尺货：仿画，也叫假画，即造假的意思。如苏州片（特点是青绿画）。

苏州片：指现在江苏地区在明清时造的假书画。有底稿，质地大都是绢本，题材以青绿山水为多，所写的名款均是古代有名的大画家，如李思训、赵伯驹、仇英等。其中一部分有假题跋，如假托柯九思、文徵明、董其昌等人。

河南造：也叫"开封货"，专造各书家和节烈名人的法书。明清时期造，多无底稿，名款不是颜真卿便是柳公权，或是宋代的"苏、黄、米、蔡"等。地子材料不外乎粉笺纸本和薄纸本，用淡墨写成，四周有滋墨痕。也有绢本、勾填及摹写的。

湖南造：也叫"长沙货"，晚清到民国时期造，名款大都为忠烈名贤，以及明代清官遗民如海瑞、史可法等。所用的质地大都是绫本和绢本。但做旧的技术拙劣，将地子洗得灰暗无光，很容易被人看出来。

扬州片：专造石涛、八大山人、"扬州八怪"的作品。特点一般是粗笔头，即写意画。从画科上分，以山水、花鸟为多。

广东货：指晚清及近代，广东一带所造伪品。其特点是无稿本，灵活摘用古书画的部分，画的题材以设色人物为主，间有花卉，大部分是绢本，唐宋大名头的作品居多。色彩、绢素都做得很旧，但揭开背面看，均是白色。由于做旧用胶矾太重，绢丝都被捣制，毫无筋骨，用手摸去，随即掉末。

后门造：又称"北京造"。后门即指北京地安门，专做清代"臣字款"书画（即清代画院所画，上边有"臣"字），也有"臣字款"画轴，有乾隆题字及清宫玉玺和诸大臣题跋，装裱一般富丽堂皇。此类伪品大都是毫无根据的作伪，水平很低。

上海造：指清光绪末年到中华人民共和国成立前，上海地区出产的伪品。据说上海有个专门做假画的小集团，专做有名的著录，与原本极相似。

假赛真：指伪作的东西，但画得比较好，像真画一样叫赛真，也称"乱真"。

真赛假：作品虽是真迹，但不精，缺点又多，似假货。

刺目：说明书画的质量精好，吸引人，越看越爱看。

清水货：一张画干净漂亮，真而且精的叫清水货，反之叫"混水货"或称"污涂货"。

硬货：一般指既有历史价值又有艺术价值，够标准的书画。

附录　书画鉴定术语

乏货：画意稀松，裱工不好，名头不响，多数人不愿意欣赏的画作。

瘟货：不好卖的货，虽然是真品，但地子破，画意和画技都不好，没有精神。

背项货：不畅销的书画，俗称"滞销品"，也叫"冷门货"。

洋装货：不分年代，不讲真假，只看画意好不好，绢本，外国人喜欢欣赏的东西。

卡拉完：没有历史价值和艺术价值，而且属于涂鸦的书画。

绝品：指独一无二的作品。

精品：指书画家精心创作的书画作品。

张幅：指每张画的大小，尺寸大的叫大张幅，小一些的叫小张幅。

软片：在文物行业中，字画俗称"软片"。

漏了：本来是真品而看成是假的，没有买成。

跑了：给价低了，卖主不卖，走人了。

钻了：作品本身价值很高，当时给价低了，再给价卖主不卖，再添价还不卖，这种情况叫"钻了"。

砸了：买时上了当，叫买"砸了"。

履刀刃：价钱不合适。

猛了：价钱给高了。

损了：价钱给低了。

半真半假价：由于对作品鉴定没有肯定是真是假，定价时价格也不确切，叫"半真半假价"。

瘟货瘟价：货不好，价也不高。

货高价出头：指好货好价。

开门见山：指大家公认的，一望而知的作品。

似是而非：在鉴定时，真假难分，而画得又好，又不能肯定真假，这样的画在鉴定中叫"似是而非"。

还旧裱：用原来的旧裱绫、绢重裱，俗称"还旧裱"。

蓑衣裱：将画心裁条改装叫蓑衣裱，也称"缩衣裱"。

褪色、添色：由于日晒和冲漂过度，原来的着色变浅变淡，称"褪色"。在装裱过程中，对原着色部分重加添描涂色的，称"添色"。

字画 收藏品鉴

总 策 划：王丙杰　贾振明
　　　　　　袁　海　张建平

项目负责：张建平

排版制作：腾飞文化

编 委 会：林婧琪　邹岚阳　鲁小娴
　　　　　　夏弦月　田昊然　吕陌涵
　　　　　　默　梵　向文天　潇诺尔

图片提供：贾　辉　张志勇　任广翔
　　　　　　http://www.huitu.com
　　　　　　http://www.microfotos.com